AF234132

LIGUE DES SOCIÉTÉS DE LA CROIX-ROUGE

SESSION DU CONSEIL

DES

GOUVERNEURS

22-26 OCTOBRE 1928

COMPTE RENDU

INTRODUCTION

*L*a session d'octobre 1928 du Conseil des Gouverneurs de la Ligue
des Sociétés de la Croix-Rouge marque une étape importante dans la
vie de la Ligue. Coïncidant pour la première fois avec une Conférence
internationale de la Croix-Rouge, cette session a été surtout consacrée
à l'étude du projet de statuts de la Croix-Rouge internationale élaboré
par M. Max Huber et le Colonel Draudt. Le Conseil s'est rallié à l'unanimité à ce projet et, à la suite de son adoption par la XIIIe Conférence
internationale, a voté les amendements nécessaires aux statuts de la
Ligue des Sociétés de la Croix-Rouge pour les rendre conformes à ceux
de la Croix-Rouge internationale. Cette importante question ainsi réglée,
le Conseil a désigné son bureau pour le représenter au sein de la Conférence internationale à laquelle la Ligue a ainsi participé pour la première
fois à titre délibératif.

Le Conseil a renouvelé le mandat de son président et de ses trois vice-
présidents (M. Sakenobe remplaçant M. Kawai) pour une période de
quatre ans et a, en outre, introduit une clause dans les statuts selon
laquelle le président de la société nationale du pays dans lequel la Ligue
a son siège devient d'office vice-président de la Ligue.

Le Comité Exécutif a été partiellement renouvelé. Ses réunions
deviennent semestrielles au lieu de trimestrielles.

Le Conseil a étudié et approuvé le programme d'action du secrétariat
pour 1929 qui se trouve résumé dans le rapport du secrétaire général
ci-annexé.

Les séances du Conseil ont eu lieu les 22, 25 et 26 octobre dans la
Salle des Ingénieurs, à La Haye.

Afin de hâter la publication du compte rendu du Conseil des Gouverneurs qui a déjà fait l'objet de plusieurs demandes, les procès-verbaux n'ont pu être soumis au préalable à tous les intéressés. De ce fait, il est possible que quelques erreurs se soient glissées dans le texte; dès qu'elles seront signalées au secrétariat, les corrections nécessaires seront apportées.

LISTE DES GOUVERNEURS

LISTE DES GOUVERNEURS

Albanie.

Hon. JOHN BARTON PAYNE, président du Conseil des Gouverneurs.*

Allemagne.

M. le Colonel DRAUDT, vice-président de la Croix-Rouge allemande.

Argentine.

M. J. N. VIOLA.*

Australie.

Mme la Vicomtesse NOVAR.

Autriche.

Dr. JOHANN STEINER, membre du Comité central de la Croix-Rouge autrichienne.*

Belgique.

M. le Professeur PIERRE NOLF, président de la Croix-Rouge de Belgique.

Brésil.

M. le Dr. GOES MONTEIRO.*

Bulgarie.

M. le Dr S. DANEFF, président de la Croix-Rouge bulgare.

Canada.

Sir EDWARD STEWART.*

Chili.

M. le Général de division Don LUIS BRIEBA, président de la Croix-Rouge chilienne.*

---

* Remplaçant le gouverneur titulaire.

Colombie.

M. le Prof. Luis Felipe Calderón, ancien président et membre honoraire de la Croix-Rouge colombienne *(absent)*.

Costa-Rica.

S. Exc. Don Manuel Maria de Peralta *(absent)*.

Cuba.

M. Enrique J. Conill, vice-président du Conseil des Gouverneurs.

Dantzig.

M. le Dr. Ferber, secrétaire de la Croix-Rouge de Dantzig *(absent)*.

Equateur.

M. A. R. Larrosa.*

Espagne.

S. Exc. le Marquis de Casa Valdés.

Etats-Unis.

Hon. John Barton Payne, président de la Croix-Rouge américaine.

Esthonie.

M. le Dr. H. Leesment, président de la Croix-Rouge esthonienne *(absent)*.

France.

S. Exc. M. Thiébaut, secrétaire général du Comité central de la Croix-Rouge française.

Grande-Bretagne.

Sir Edward Stewart, président-député du Comité exécutif de la Croix-Rouge britannique.*

Grèce.

M. le Colonel Draudt, vice-président du Conseil des Gouverneurs.*

Guatemala.

S. Exc. M. José Matos, ministre du Guatemala à Paris.*

Hongrie.

M. ADALBERT DE GLACZ, directeur-général adjoint de la Croix-Rouge hongroise.*

Indes anglaises.

M. le Général de brigade H. B. CHAMPAIN, secrétaire-général de la Croix-Rouge britannique.*

Indes néerlandaises.

M. VAN SLOOTEN AZN, secrétaire-général de la Croix-Rouge néer-landaise.

Islande.

Hon. JOHN BARTON PAYNE, président du Conseil des Gouver-neurs.*

Italie.

M. GIOVANNI CIRAOLO, remplaçant le président-général de la Croix-Rouge italienne.*

Japon.

M. N. SAKENOBE, membre de la Commission de l'administration des mandats de la Société des Nations.*

Lettonie.

M. Sp. PAEGLE, membre de la direction générale de la Croix-Rouge lettone.*

Lithuanie.

M. le Dr. ROKAS SLIUPAS, président de la Croix-Rouge lithua-nienne.*

Luxembourg.

M. ANTOINE FUNCK, membre du Conseil d'administration et secrétaire-général de la Croix-Rouge luxembourgeoise.*

Mexique.

S. Exc. M. RAFAEL CABRERA.*

Nouvelle-Zélande.

M. le Dr. COLQUHOUN, commissaire de la Croix-Rouge néo-zélandaise.

Panama.

M. A. R. LARROSA.*

Pays-Bas.

M. le Dr. G. van Slooten azn, secrétaire général de la Croix-Rouge néerlandaise.

Paraguay.

M. le Dr. Leyba.*

Pérou.

M. Pedro E. Paulet.*

Pologne.

M. le Comte Henri Potocki, président de la Croix-Rouge polonaise.

Portugal.

M. le Marquis de Faria, délégué général de la Croix-Rouge portugaise à l'étranger.

Roumanie.

M. Georges Bals, président de la Croix-Rouge roumaine.

Serbes, Croates et Slovènes (Royaume des).

M. le Général Dr. Tcheda Djourdjevitch, président de la section internationale de la Croix-Rouge serbo-croato-slovène.*

Siam.

S. A. S. le Prince Varnvaidya,.*

Sud-Africaine (Union).

M. le Général de brigade H. B. Champain, secrétaire-général de la Croix-Rouge britannique.*

Suisse.

M. Paul Dinichert.

Tchécoslovaquie.

M. le Dr. J. M. Linhart, directeur-général de la Croix-Rouge tchécoslovaque.*

Uruguay.

Mlle Orfilla Solari, vice-présidente du Comité central de la Croix-Rouge uruguayenne.*

Vénézuéla.

M. le Dr. L. G. Chacin Itriago, ancien président de la Croix-Rouge vénézuélienne* *(absent).*

SÉANCES

PREMIÈRE SÉANCE

Lundi 22 octobre 1928
10 heures

Présidence de l'Honorable John Barton Payne

LE PRESIDENT. — C'est pour moi une grande satisfaction et un honneur de vous souhaiter à tous, en cette réunion du Conseil des Gouverneurs, la plus cordiale bienvenue. J'ai le plaisir de vous présenter M. Max Huber, président du Comité international de la Croix-Rouge, qui a bien voulu accepter de vous dire quelques mots.

M. Max HUBER. — M. le Président, je désire vous remercier très sincèrement de la bienvenue que vous avez si cordialement réservée au président du Comité international de la Croix-Rouge. C'est avec le plus grand plaisir que mon Comité a reçu, et accepté, l'aimable invitation que vous nous avez adressée. Nous sommes heureux qu'elle permette à un représentant du Comité international de la Croix-Rouge d'être présent à cette séance de votre Conseil où l'on abordera un sujet d'une si grande importance pour la Ligue, pour le Comité et pour la Croix-Rouge en général. Nous sommes heureux que l'on ait fait appel à notre collaboration, et j'espère que les conversations que j'ai eues et les négociations que j'ai entamées, d'abord avec votre vice-président, puis, pendant ces derniers jours, avec vous-même, M. le Président, vous auront donné l'impression que mes paroles se fondent sur un sentiment sincère de collaboration loyale et cordiale *(applaudissements)*.

LE PRÉSIDENT. — Je vous remercie. Le secrétaire général va lire la liste des délégués. Je prie ceux-ci de répondre à l'appel de leur nom.

M. KITTREDGE, *secrétaire général*, lit la liste des délégués et ajoute qu'au cours de l'année écoulée la Ligue a eu le grand malheur de perdre plusieurs membres éminents du Conseil des Gouverneurs : S. Exc. M. Geoffray, qui y représentait la Croix-Rouge française ; le Colonel Bohny, qui y représentait la Suisse, et, tout récemment le Prince Charoon, qui y représentait le Siam. La Croix-Rouge luxembourgeoise a aussi éprouvé une perte cruelle dans la personne de son vice-président, M. Mayrisch, qui jouait dans cette société un rôle d'animateur et qui avait été membre du Conseil des Gouverneurs. Il demande au Conseil de s'associer à l'expression des regrets que la Ligue a déjà transmis aux familles de ces Gouverneurs et aux sociétés qu'ils représentaient.

LE PRÉSIDENT. — Nous nous associons tous à ces regrets.

Le premier objet à l'ordre du jour est l'approbation du procès-verbal de notre dernière séance. Son texte vous a été remis. Dans ces conditions, je ne crois pas nécessaire de le lire. Sauf objection, je le déclare approuvé.

J'ai le plaisir de demander au Colonel DRAUDT de faire une déclaration au Conseil des Gouverneurs sur les négociations qu'il a conduites avec M. HUBER au sujet de l'organisation internationale de la Croix-Rouge.

Colonel DRAUDT. — Quand le Conseil des Gouverneurs, lors de sa dernière réunion, en mai 1927, a formulé, dans une résolution spéciale, des propositions destinées à faciliter le règlement de la question de l'organisation internationale de la Croix-Rouge, son intention était de mettre un terme aux difficultés rencontrées jusqu'alors, du fait de l'imprécision qui existait à cet égard. Cette résolution, qui figure dans les comptes rendus que vous avez sous les yeux, a été communiquée au Comité international de la Croix-Rouge, dans l'espoir qu'il pourrait l'accepter, et afin de permettre à la Ligue de s'y conformer en conséquence, dès 1927.

Le Comité international, après avoir pris connaissance de cette résolution, a cru devoir ajourner toute décision définitive, afin de laisser aux sociétés nationales réunies à la XIIIᵉ Conférence le soin et la responsabilité de statuer en dernier ressort.

En ma qualité de vice-président désigné par le président du Conseil des Gouverneurs, j'ai donc cru devoir, avec l'approbation du Comité Exécutif, engager des pourparlers avec le Comité international de la Croix-Rouge à Genève, afin d'étudier avec ses représentants autorisés les possibilités d'élaborer en commun des propositions susceptibles de rencontrer l'approbation unanime. Le Comité exécutif m'a accordé cette autorisation, et vous, Monsieur le Président, vous avez bien voulu la ratifier et m'encourager à y donner suite. Le Comité international, de son côté, a accueilli cette initiative avec la plus grande bienveillance. C'est ainsi que j'ai eu l'honneur de prendre contact d'abord avec l'illustre GUSTAVE ADOR, le si regretté président du Comité international de la Croix-Rouge, puis avec M. MAX HUBER désigné par M. ADOR pour poursuivre les pourparlers au nom du Comité international de la Croix-Rouge.

Je désire exprimer ici — et je suis sûr de répondre à votre sentiment intime — toute l'étendue de la reconnaissance que nous devons
tous à M. Max Huber, dont la largeur de vues, la compréhension et
l'inaltérable dévouement à la cause sacrée de la Croix-Rouge ont
permis de réaliser ce qui n'était jusqu'à présent qu'un désir et qu'un
espoir. Notre collaboration, pleine de confiance réciproque, trouve son
expression dans sa présence aujourd'hui au sein de notre Conseil et je
voudrais m'associer aux paroles chaleureuses que vient de prononcer
notre président en lui souhaitant une bienvenue très affectueuse.

Ces derniers jours, M. Payne a bien voulu nous prêter son
concours dans l'une des phases les plus délicates de nos travaux, lorsqu'il s'est agi de revoir une dernière fois notre texte (1) avant de vous
en saisir. Nous lui sommes infiniment reconnaissants de cette nouvelle
preuve de sa confiance et de sa solidarité, indispensable à l'heureux
aboutissement de nos efforts.

Je n'ai pas besoin de vous retracer tout l'historique de nos négociations. Nul d'entre vous n'ignore qu'elles ont atteint l'étape décisive
le 11 mai 1928, date à laquelle nous avons pu établir notre texte.
Celui-ci a été soumis aux sociétés nationales qui ont été unanimes à
en approuver la substance et ont manifesté la part de responsabilité
qu'elles désiraient prendre dans l'élaboration de l'accord final en
nous communiquant leur observations et leurs suggestions. Mais
aucune des communications reçues ne portait atteinte à l'essence
de notre projet et M. Huber a reconnu comme moi qu'il y aurait
lieu de donner satisfaction, dans la mesure du possible, à ceux qui
nous offraient ce concours précieux, sans cesser un instant d'être les
défenseurs naturels de notre texte et d'en maintenir la cohésion.

C'est ainsi que plusieurs sociétés nationales faisant partie de la
Ligue nous ont demandé d'envisager quelques nouvelles formules
qui leur semblaient devoir mieux traduire l'esprit de l'accord et peut-
être la pensée même de ceux qui l'avaient préparé ; et nous devons
savoir gré à M. Huber d'avoir bien voulu montrer une parfaite compréhension du point de vue de ces sociétés et d'avoir consenti à des
modifications qui devaient rendre certain le succès de nos travaux. Le
résultat de ces travaux est le texte qui vient de vous être distribué.

Il serait inutile de retenir l'attention du Conseil en lui signalant
les modifications purement textuelles qui ne changent même pas la
nuance de la pensée, si ce n'est pour en rendre l'expression plus logique
et plus élégante, mais je me permettrai de résumer les points où nous
l'avons soit élargie, soit précisée.

---

(1) Il s'agit ici du projet de statuts de la Croix-Rouge internationale
dont on trouvera en annexe, à la fin du volume, le texte définitif.

2

Vous verrez tout d'abord qu'aucun changement substantiel n'a été apporté aux deux premiers articles de notre projet. Dans l'article III, le droit de convoquer les conférences internationales a été accordé, non seulement aux sociétés nationales et au Comité international de la Croix-Rouge, mais aussi à la Ligue. En complétant ainsi notre pensée primitive, nous avons de nouveau groupé dans cet article, comme dans l'article I, tous les éléments de la Croix-Rouge internationale, en soulignant à la fois leur solidarité et leur indépendance. Je suis sûr que cette modification rencontrera votre approbation.

En ce qui concerne l'article IV, notre première rédaction avait paru à certains, contrairement à notre intention, faire du Conseil des Gouverneurs partie intégrante de la Conférence internationale. Nous l'avons donc modifié dans le sens de l'article II de manière à assurer la coïncidence des réunions des trois organes, tout en sauvegardant les prérogatives de chacun d'eux.

Ce que nous nous sommes surtout efforcés de maintenir, c'est précisément l'indépendance de chacun des trois éléments qui composent la Croix-Rouge internationale, tout en leur fournissant, si je puis dire, le mécanisme susceptible de leur faciliter cette collaboration harmonieuse qui est le complément naturel de leur solidarité morale.

C'est en pensant à cette solidarité que nous avons cru devoir accentuer dans l'article IV, et d'une manière encore plus marquée à l'article IX, l'équilibre fondamental qui doit être établi entre le Comité international et la Ligue, afin de leur permettre de poursuivre une collaboration plus efficace et plus profonde. Cette conception exige que les deux organisations elles-mêmes puissent régler directement entre elles les modalités de cette collaboration. Nous avons donc pensé qu'il était inutile de préciser, par exemple, la présence du représentant de l'une des deux institutions auprès du conseil directeur de l'autre. Nous nous bornons donc à stipuler leur liaison réciproque, en laissant à leurs dirigeants le soin de lui donner la forme la plus utile aux intérêts sacrés de l'idéal dont elles ont la garde.

C'est dans l'intérêt même de l'indépendance des sociétés nationales que nous avons cru devoir ajouter, dans l'article V, des précisions qui, tout en réservant à ces sociétés le droit de choisir librement leur représentant en toute occasion, leur indique la possibilité d'une concordance plus étroite des travaux des différents organes. Si vous me permettez de donner un avis personnel, je vous dirai, presque indiscrètement, qu'il y aurait intérêt à ce que les mêmes personnes fussent nommées pour représenter leurs sociétés dans le Conseil des Délégués et le Conseil des Gouverneurs. C'est dire, Messieurs, que nous espérons vous voir un jour nantis, non seulement de vos mandats de Gouverneurs, mais aussi de mandats de délégués.

Dans l'article VI, nous n'avons pas retenu la stipulation de notre texte primitif qui tendait à ajouter aux responsabilités de la Conférence celle de déterminer les conditions dans lesquelles doivent se réunir les conférences spéciales ou régionales, étant donné que la suite du paragraphe entoure ces réunions de toutes les garanties nécessaires. D'autre part, au second alinéa de cet article, il a paru plus raisonnable d'accroître le nombre des sociétés dont les demandes conjointes entraîneront la convocation des délégués. D'après notre texte amendé, ces demandes devront émaner, soit de dix sociétés, soit du Comité international de la Croix-Rouge et de cinq sociétés nationales.

Si nous avons supprimé le dernier alinéa de cet article, c'est, une fois de plus, en tenant compte de l'indépendance qu'il convient de laisser aux divers organes de la Croix-Rouge internationale, et de la confiance qu'elles sont en droit d'attendre de nous. Nous laissons donc aux deux Conseils la faculté de se réunir exceptionnellement si les circonstances l'exigent, certains que nous sommes qu'ils n'abuseront jamais de cette liberté.

La seule adjonction que nous avons faite à l'article VII a été d'affirmer ce qui constitue l'une des prérogatives les plus importantes et les plus utiles du Comité international de la Croix-Rouge, celle qui fait de lui l'intermédiaire traditionnel pour nous faire connaître l'entrée d'une nouvelle société nationale dans la grande famille de la Croix-Rouge.

Je vous ai déjà exposé les raisons des modifications apportées à l'article IX. Je ne m'y réfère à nouveau que pour ajouter que le Comité international de la Croix-Rouge, dans sa séance du 12 octobre dernier, a bien voulu ajouter d'ores et déjà à ses statuts une clause qui permet à la Ligue d'accréditer un représentant permanent auprès de lui. Le Comité international de la Croix-Rouge a ainsi manifesté l'esprit de cordialité qui l'anime et son désir d'une collaboration toujours plus étroite et amicale, — désir que nous partageons de tout notre cœur et que le présent accord nous fera réaliser. Mes expériences de cette dernière année m'ont prouvé combien la Croix-Rouge, dans son ensemble, attache d'importance à cette collaboration et combien elle a raison de lui donner tant de valeur. Quant à l'article X, il n'appelle aucune observation de ma part, si ce n'est que nous avons changé l'ordre des paragraphes, précisé la compétence de la Commission permanente pour avancer ou retarder, le cas échéant, la date de convocation de la Conférence internationale de la Croix-Rouge et porté de 3 à 5 le nombre des membres de cette Commission.

L'article XI reste inchangé. L'article XII prévoit, avec les amendements que nous y avons apportés au second alinéa, que la mise en vigueur des statuts de la Croix-Rouge internationale sera un fait accompli lorsque la Conférence aura été informée par les deux organes internationaux de la conformité de leurs statuts avec ceux de la Croix-Rouge internationale.

Voilà mes chers collègues, l'étendue des remaniements qui nous ont été imposés par le souci de vous faire une proposition susceptible de rallier les suffrages de tous ceux auxquels tient à cœur le bien de la Croix-Rouge.

Sur les douze articles de notre accord, il en est trois qui résument l'essentiel du plan que nous vous présentons : ce sont les articles I, II et X. Les autres complètent ces trois articles fondamentaux et concernent le fonctionnement des différents organes dont l'équilibre et la collaboration constituent les bases mêmes de la Croix-Rouge internationale.

La clé de voûte de notre édifice demeure la Conférence internationale. Ses pouvoirs serviront toujours à assurer à la Croix-Rouge un développement conforme à ses traditions, à ses devoirs comme à ses responsabilités sans cesse grandissantes.

Il convient maintenant de vous donner quelques indications sur la procédure que nous avons l'intention de vous demander de bien vouloir appliquer pendant nos réunions actuelles. Nous pourrions dès aujourd'hui adopter une résolution semblable à celle qui nous a été communiquée par le Comité international de la Croix-Rouge dans sa lettre du 14 mai 1928, et déclarer que : 1) Le Conseil des Gouverneurs de la Ligue se ralliera au projet qui lui est présenté si la XIIIe Conférence se prononce pour une organisation conforme à ces dispositions. 2) Nous vous proposons également d'autoriser notre président, le Juge PAYNE, à prendre la parole en notre nom à tous pour dire, le moment venu, que cette condition est remplie. 3) Pour compléter cette procédure, nous avons pensé que l'on pourrait proposer à la Conférence, dans sa réunion d'ouverture, c'est-à-dire demain après-midi, — de charger la Commission spéciale des Délégués d'aborder sans retard l'examen de notre texte.

Ceci permettra à la Commission spéciale des Délégués de faire son rapport sur ce point à la Conférence en séance plénière dans la matinée de jeudi.

Nous avons tout lieu d'espérer que le vote de la Conférence adoptant le projet de statuts pourra être chose faite dès jeudi matin. Le

Conseil des Gouverneurs pourra dans ce cas commencer dans sa séance de jeudi après-midi à envisager les quelques modifications qu'il y aura lieu d'apporter aux statuts de la Ligue. Ces modifications pourront donc être votées dans la journée de vendredi et notre président pourra faire connaître à la Conférence, dès l'ouverture de la séance de samedi, que les statuts de la Ligue ont été rendus conformes aux statuts de la Croix-Rouge internationale qui, de ce fait, et par suite d'une déclaration similaire du Comité international, entreront immédiatement en vigueur.

Le texte des statuts de la Croix-Rouge internationale ne devant être consacré par la Conférence internationale dans sa forme définitive qu'après son examen par la Commission des Délégués, il serait prématuré de soumettre au Conseil des Gouverneurs, avant la séance de jeudi, le texte des amendements proposés aux statuts de la Ligue. C'est pourquoi le texte des amendements préparés n'a pas encore été imprimé, ce qui nous oblige à en retarder la distribution jusqu'à la séance de jeudi.

Je suis heureux, Monsieur le président, Mesdames et Messieurs, au moment où nous arrivons à la fin de nos travaux, de vous remercier tous de la confiance que vous m'avez témoignée et du concours que vous m'avez apporté, dont je garderai toujours un souvenir ému et reconnaissant *(applaudissements)*.

M. CONILL (Cuba). — Après avoir entendu le rapport du Colonel DRAUDT, rapport qui ne donne qu'une expression très minime du travail qu'il a accompli, je crois être l'interprète du Conseil des Gouverneurs en demandant qu'une motion soit acceptée, exprimant la reconnaissance et les félicitations du Conseil des Gouverneurs à son vice-président, M. le Colonel DRAUDT, pour le résultat qu'il a obtenu par son labeur admirable, son dévouement inlassable et un esprit de conciliation qui sera un jour cité en exemple par tous ceux qui ont à cœur l'avenir de la Croix-Rouge *(applaudissements)*.

LE PRÉSIDENT. — Vous avez entendu la motion qui vous est proposée. C'est un grand plaisir pour moi de la soumettre à votre vote.

La motion est adoptée à l'unanimité.

LE PRÉSIDENT. — Je n'ai pas grand' chose à ajouter à ce que le Colonel DRAUDT vient de vous dire. Vous allez d'abord, évidemment, étudier ces statuts. Je n'attends pas de vous que vous preniez une décision ce matin. Nous désirons que vous vous rendiez un compte très exact de toutes les stipulations de cet accord. Je voudrais ajouter que je l'ai étudié avec le plus grand soin et que je partage entièrement les vues exprimées par le Colonel DRAUDT. J'espère que vous pourrez adopter ces statuts à l'unanimité.

Permettez-moi d'ajouter encore ceci : le premier élément essentiel d'une collaboration ou d'une coopération est la confiance réciproque. Les négociations qui viennent de se terminer ont abouti parce que cette confiance a régné entre les négociateurs : confiance de la part des membres du Conseil, confiance dans M. HUBER, président du Comité international, confiance dans le Colonel DRAUDT, qui a été votre porte-parole. Ma participation propre a été peu importante ; elle s'est bornée à une correspondance, puis, au cours de ces trois derniers jours, à de fréquentes entrevues.

Je voudrais mentionner un point particulier. L'article IV du document dont nous venons de parler portait « Le Conseil des Gouverneurs est organisé conformément aux statuts de la Ligue, avec l'addition d'un délégué du Comité international de la Croix-Rouge, ainsi qu'il est dit à l'article IX. » Lorsque nous en sommes venus à considérer ce texte, l'opinion s'est fait jour qu'il y avait là une heureuse opportunité, et que ce serait un plaisir et un avantage pour nous de pouvoir recourir, pendant nos sessions, aux conseils et à la sagesse du président du Comité international. Nous avons pensé qu'il se sentirait plus à l'aise, et que nous serions plus à l'aise aussi, s'il se trouvait parmi nous sur notre invitation, plutôt qu'en vertu des stipulations d'un contrat portant sur un point fondamental. Je vous demanderai donc, le moment venu, d'inviter le président du Comité international à participer dans l'avenir à nos séances.

J'ajoute enfin que si les négociations entreprises ont si heureusement abouti, c'est à cause de la prévoyance, de la sagesse, de la considération et de la sympathie de l'ensemble de la Croix-Rouge dans le monde. Désintéressée, car telle est l'essence même de la Croix-Rouge, elle représente le palladium de l'aide généreuse de l'humanité. Et c'est dans cet esprit que les négociations ont été conduites. J'ai le plus grand plaisir à vous faire partager l'impression si favorable que j'ai retirée de ces négociations *(applaudissements)*.

M. le Sénateur CIRAOLO (Italie). — C'est dans un esprit de sincère solidarité que j'appuie la proposition que M. le vice-président CONILL a présentée à l'assemblée ; je lui exprime mes félicitations de l'initiative qu'il a prise. Je le prie cependant de me permettre de faire une adjonction à son texte, adjonction visant l'action des présidents des deux organisations en présence, le Juge PAYNE et M. HUBER.

M. le président, vous avez été modeste en esquissant la part que vous avez prise à l'élaboration de l'accord. On sait que vous avez suivi de près, jour par jour, la marche des négociations, et que vous avez encouragé les deux négociateurs par vos conseils avisés et votre sagesse sûre. Et quand parmi les sociétés nationales on a appris que l'accord venait d'être ratifié par votre approbation, on a eu enfin la certitude qu'on avait atteint le but désiré : la paix dans la Croix-Rouge. Ceci est une preuve, M. le président, de la confiance que les sociétés de Croix-Rouge ont dans l'œuvre que vous poursuivez, même de si loin, pour le développement et la gloire de la Croix-Rouge internationale.

Mais je n'aurais pas dit toute ma pensée, si je ne vous faisais part, Messieurs, de l'émotion profonde que j'ai ressentie en apercevant ici M. Huber. Ses nobles et simples paroles ont encore précisé le caractère de sa participation à nos travaux, nous confirmant la solidarité du Comité et de la Ligue unis dans la Croix-Rouge internationale. En inaugurant ainsi la collaboration du Comité et de la Ligue dans leurs réunions respectives, M. Huber donne une réalisation effective à l'esprit des négociations qu'il a conduites avec M. Draudt, de tout son haut talent et de tout son cœur généreux. Nous savons que par son esprit de mesure et d'équilibre, M. Huber a eu une action heureuse pour la réussite de l'entente. Qu'il en soit loué donc par les représentants des sociétés nationales.

C'est pour ces motifs que je vous soumets la proposition d'ajouter à la motion de M. Conill l'expression de notre commune reconnaissance pour les deux présidents *(vifs applaudissements)*.

M. J. CONILL (Cuba). — M. le président : En présentant ma motion je me suis référé seulement au rapport de M. le vice-président, le Colonel Draudt. J'étais persuadé qu'avant la fin de cette réunion, quelqu'un présenterait une motion pour remercier notre président et M. Huber. Je suis très heureux de féliciter notre collègue, M. le sénateur Ciraolo, des belles paroles qu'il vient de prononcer et auxquelles je m'associe de tout cœur *(applaudissements)*.

LE PRÉSIDENT. — Le sénateur Ciraolo veut-il formuler sa proposition ?

M. le Sénateur CIRAOLO (Italie). — Voulez-vous que je présente immédiatement un texte ou seulement à la séance de cet après-midi ?

M. CONILL (Cuba). — Vous connaissez les termes de la résolution que j'ai présentée tout à l'heure.

Le plus simple serait que M. le Sénateur Ciraolo voulût bien se joindre à moi afin que nous préparions un texte complet que nous vous soumettrons tout à l'heure *(approbation)*.

LE PRÉSIDENT. — Pendant que les auteurs préparent le texte de leur motion, nous allons passer à l'objet suivant de notre ordre du jour : la désignation des représentants de la Ligue à la Conférence internationale qui s'ouvre demain.

Le document qui vous a été remis est encore quelque peu confidentiel. Il sera distribué officiellement demain aux membres de la Conférence internationale et de la Commission des Délégués. Mais il était important que vous en ayez connaissance aujourd'hui pour que vous puissiez prendre une décision cet après midi.

Vicomtesse NOVAR (Australie). — Combien de représentants devons-nous choisir?

LE PRÉSIDENT. — Autant que vous le désirez.

Vicomtesse NOVAR (Australie). — Je propose de prendre le bureau du Conseil des Gouverneurs.

LE PRÉSIDENT. — Cette désignation me paraît assez indiquée.

M. KITTREDGE, *secrétaire général.* — Je voudrais donner un mot d'explication au sujet de l'ordre du jour. La Ligue a reçu de la Croix-Rouge néerlandaise l'invitation d'envoyer une délégation à la Conférence internationale. Cette invitation a été adressée au secrétaire général de la Ligue. Le règlement actuel de la Conférence internationale porte que la société qui convoque la Conférence peut inviter à son gré telle ou telle organisation, qui est alors représentée avec voix consultative. Les seules organisations qui ont voix délibérative, c'est-à-dire le droit de vote, sont les sociétés nationales de la Croix-Rouge, les États participant aux Conventions de Genève, et les représentants du Comité international de la Croix-Rouge. Les nouveaux statuts prévoient que la Ligue sera invitée à envoyer à la Conférence une délégation qui jouira du droit de vote.

Lorsque nous avons discuté les termes de la réponse à faire à la lettre de la Croix-Rouge néerlandaise, nous nous sommes trouvés d'accord pour recommander au Conseil que dans l'éventualité de l'adoption du projet de statuts par la Conférence, la délégation de la Ligue soit formée de son Bureau, c'est-à-dire du président, des trois vice-présidents et, si vous le jugez à propos, du secrétaire-général. En attendant que la Conférence ait pris une décision au sujet des statuts, la Ligue n'a naturellement aucun droit à une représentation officielle. Nous avons pensé, dans ces conditions, que vous voudrez peut-être marquer une distinction entre la délégation qui vous représentera à la séance préliminaire, et celle qui vous représentera lorsque les nouveaux statuts de la Croix-Rouge internationale auront été adoptés par la Conférence.

M. VAN SLOOTEN AZN. (Pays-Bas). — M. le président, la Croix-Rouge néerlandaise a été très heureuse d'adresser à la Ligue une invitation à se faire représenter à la Conférence, et nous avons reçu de Paris une communication portant que vous-même, le Colonel Draudt, M. Kawai, M. Conill et le secrétaire-général représenteriez la Ligue à la Conférence ; cette communication ajoutait que vous aviez pris soin de répartir ces divers délégués parmi les Commissions de la Conférence. Si vous me le permettez, je voudrais suggérer et proposer que les personnes qui ont été désignées pour former la délégation préparatoire de la Ligue soient aussi chargées de représenter celle-ci lorsque voix consultative lui aura été accordée.

LE PRÉSIDENT. — Avant de présenter votre motion, voulez-vous substituer au nom de M. Kawai celui du représentant actuel du Japon ?

M. VAN SLOOTEN AZN (Pays-Bas). — Naturellement.

M. SAKENOBE (Japon). — M. Kawai ayant été désigné comme vice-président de la Ligue, je crois que mon nom devrait être effacé.

LE PRÉSIDENT. — Votre nom est cité dans la motion, et vous aurez à accepter la responsabilité qu'elle comporte *(rires)*.

La motion est adoptée à l'unanimité.

LE PRÉSIDENT. — Nous en arrivons à la désignation des membres des trois Commissions. Je vais demander au secrétaire-général de vous indiquer l'objet de chacune d'elles et de vous lire les propositions relatives à la composition de ces Commissions. Il est bien entendu que tout Gouverneur qui désirerait faire partie d'une autre Commission que celle pour laquelle il a été provisoirement désigné obtiendra satisfaction.

M. KITTREDGE. — Les membres du Conseil des Gouverneurs trouveront dans leurs dossiers l'ordre du jour de notre session. Les quatre premiers points sont ceux que nous vous proposons de traiter aujourd'hui : ensuite viennent divers points qui sont répartis entre les trois Commissions.

Voici les propositions relatives à la composition de ces Commissions :

PREMIÈRE COMMISSION
(Affaires générales)

M. BALS.
Général CHAMPAIN.
M. CIRAOLO.
M. E. J. CONILL.
M. DINICHERT.
Colonel DRAUDT.
M. LARROSA.
Professeur NOLF.
Lady NOVAR.
M. Sp. PAEGLE.
M. PAULET.
Hon. John BARTON PAYNE.
M. THIÉBAUT.
S. A. le Prince VARNVAIDYA.
M. J. N. VIOLA.

Me A. MATER (conseiller juridique).
Secrétaires : M. DE GIELGUD.
M. DE ROUGÉ.

DEUXIÈME COMMISSION
(Programme technique)

Général BRIEBA.
Dr. COLQUHOUN.
M. DANEFF.
Dr. DJOURDJEVITCH.
Marquis DE FARIA.
M. FERBER.
M. FUNCK.
Dr. LEESMENT.
Dr. LINHART.
Dr. LEYBA.
Comte POTOCKI.
M. SLIUPAS.
Mlle SOLARI.
Dr. STEINER.

Secrétaires : Dr. SAND.
Mme CARTER.
Dr. HUMBERT.
M. MILSOM.
M. PETERSEN.

M. Cabrera.

Marquis de Casa Valdes.

Dr. Chacin Itriago.

M. de Glacz.

M. Kittredge.

M. Sakenobé.

M. G. van Slooten Azn.

Sir E. Stewart.

Secrétaire : M. de Bernonville.

LE PRÉSIDENT constatant qu'aucun membre ne demande a être transféré dans une autre Commission, procède au vote.

La composition des Commissions est adoptée telle qu'elle a été proposée.

LE PRÉSIDENT. — Je vous propose de nommer le Prof. Nolf, président de la première Commission, M. Daneff, président de la deuxième, Sir Edward Stewart président de la troisième. Messieurs les présidents voudront bien convoquer les Commissions pour qu'elles puissent se mettre à l'ouvrage.

Quelques membres m'ont demandé que la dernière session du Conseil des Gouverneurs, prévue pour samedi à 3 heures, ait lieu plus tôt, de telle sorte que les Gouverneurs qui le désirent puissent quitter La Haye par les trains du début de l'après-midi. Nous leur donnerons satisfaction dans la mesure où la chose sera possible.

(MM. Conill et Ciraolo rentrent en séance avec le texte de leur projet).

LE PRÉSIDENT. — Monsieur Conill, voulez-vous lire votre motion.

M. CONILL (Cuba). — C'est un très grand honneur pour moi d'avoir le privilège de présenter au Conseil des Gouverneurs la motion suivante, préparée avec la collaboration de mon éminent collègue M. le Sénateur Ciraolo.

J'espère que cette résolution interprétera parfaitement vos sentiments. La voici :

Le Conseil des Gouverneurs, ayant entendu le rapport du Colonel Draudt au sujet des négociations qui ont abouti à un projet de statuts de la Croix-Rouge internationale.

Se déclare prêt à se rallier aux termes du projet, s'il est approuvé par les sociétés nationales réunies à la XIIIe Conférence, en reconnaissant qu'il apporte les solutions désirées pour assurer la collaboration harmonieuse des divers éléments de la Croix-Rouge,

Approuve la proposition confiant au président du Conseil des Gouverneurs le soin d'être son interprète devant la Conférence internationale,

Exprime ses félicitations les plus vives et sa reconnaissance profonde à M. le Colonel Draudt pour les résultats qu'il a obtenus par son labeur admirable, son inlassable dévouement et l'esprit de conciliation qu'il a su montrer au cours des négociations avec M. Max Huber, président du Comité international.

Le Conseil des Gouverneurs rend hommage aux sentiments d'équité et à la hauteur de vues qu'a manifestés M. le président Huber, avec un sens élevé de l'unité d'esprit qui doit régner dans la Croix-Rouge et qui a si efficacement contribué à atteindre le but désiré par les sociétés nationales.

Le Conseil des Gouverneurs, ayant pu constater la participation active et clairvoyante de son président, le juge Payne, aux négociations heureusement terminées, trouve dans l'approbation qu'il a exprimée au sujet de l'accord, la garantie permettant d'adopter en toute tranquillité d'esprit le projet de statuts de la Croix-Rouge internationale, et lui exprime toutes ses félicitations et sa gratitude.

Je vous propose d'adopter cette résolution à l'unanimité.

LE PRÉSIDENT. — J'espère que la résolution ne sera pas mise aux voix maintenant. Je n'aimerais pas que le Conseil des Gouverneurs adoptât les statuts avant de les avoir examinés à fond. Je voudrais voir disjoindre de la motion toute approbation de l'accord, ainsi que l'expression des sentiments qui me touchent profondément et dont je vous suis très reconnaissant.

M. CONILL (Cuba). — Je me permets de faire observer à notre président que nous disons simplement : « ... approuve la proposition confiant au président du Conseil des Gouverneurs le soin d'être son interprète devant la Conférence internationale... »

Il me semble donc que nous pouvons bien voter une telle déclaration. Nous sommes tous d'accord pour que le président du Conseil des Gouverneurs soit notre interprète auprès de la Conférence. Sa modestie ne lui permet pas de mettre cette résolution aux voix, mais je pense que nous pouvons facilement passer outre.

LE PRÉSIDENT. — Je ne le crois pas. Si vous voulez présenter la motion que le Conseil a apparemment votée, je n'ai naturellement aucun droit de m'y opposer, mais je vous demanderai de ne pas insister pas la question ce matin, et pour le moment.

M. CONILL. — Si vous le désirez, nous laisserons de côté le troisième paragraphe.

Professeur NOLF (Belgique). — Je crois qu'il y a un petit malentendu. M. Conill ignore, parce qu'il s'est retiré pendant quelques minutes pour la préparation de sa résolution, la partie de notre séance au cours de laquelle nous avons précisément déjà désigné le Juge Payne comme un de nos délégués à la Conférence, de telle manière qu'il y a un vote acquis sur cette question. M. Payne est déjà notre délégué. Nous sommes donc allés au devant des désirs de nos collègues.

LE PRÉSIDENT. — Il n'a pas été question de mon intervention en faveur de l'accord.

M. CONILL (Cuba). — Voulez-vous donner une fois de plus lecture du troisième paragraphe du texte anglais de notre résolution?

(M. de Gielgud fait cette lecture).

Vicomtesse NOVAR (Australie). — Mais cette motion vous confie d'une façon formelle, M. le président, la mission de présenter nos statuts amendés à la Conférence.

LE PRÉSIDENT. — On a voulu dire ceci : après que le Conseil des Gouverneurs aura pris une décision, après que les statuts auront été votés par la Commission des Délégués et par la Conférence, après que nous aurons amendé nos statuts, je serai autorisé à notifier à la Conférence que nous avons rempli toutes les conditions prescrites et que l'accord peut entrer en vigueur. Je ne devrais prendre aucune responsabilité en ce qui concerne cet accord lui-même. Je suis prêt à prendre sur moi de nombreuses responsabilités, mais non pas celle-là.

M. CONILL (Cuba). — M. le Sénateur Ciraolo et moi-même sommes tout disposés, si vous le désirez, à supprimer les trois premiers paragraphes de la résolution, en ne laissant subsister que ceci :

Exprime ses félicitations les plus vives et sa reconnaissance profonde à M. le Colonel Draudt pour les résultats qu'il a obtenus par son labeur admirable, son inlassable dévouement et l'esprit de conciliation qu'il a su montrer au cours des négociations avec M. Max Huber, président du Comité international.

Le Conseil des Gouverneurs rend hommage aux sentiments d'équité et à la hauteur de vues qu'a manifestés M. le président Huber, avec un sens élevé de l'unité d'esprit qui doit régner dans la Croix-Rouge et qui a si efficacement contribué à atteindre le but désiré par les sociétés nationales.

Le Conseil des Gouverneurs, ayant pu constater la participation active et clairvoyante de son président le juge Payne aux négociations heureusement terminées, trouve dans l'approbation qu'il a exprimée au sujet de l'accord, la garantie permettant d'adopter en toute tranquillité d'esprit le projet de statuts de la Croix-Rouge internationale et lui exprime ses félicitations et sa gratitude.

M. le Sénateur CIRAOLO (Italie). — Si vous croyez cependant qu'il soit utile de remettre l'examen de cette proposition à la séance de cet après-midi, nous sommes tout à fait d'accord.

LE PRÉSIDENT. — Je n'ai aucune objection au vote de la motion, puisqu'elle omet toute référence à l'approbation des statuts.

(La motion présentée par MM. Conill et Ciraolo est adoptée à l'unanimité).

M. DINICHERT (Suisse). — Si je comprends bien, la séance de cet après-midi est convoquée pour 3 heures. C'est au cours de cette séance que doit être examiné le projet de statuts de l'organisation internationale, projet qui vient d'être distribué.

Notre président nous a exhortés, avec beaucoup de sagesse, à examiner ce projet attentivement. Je me demande si le temps très court qui nous reste jusqu'à 3 heures nous permet de nous livrer à ce travail que je considère comme étant, pour chacun de nous, un devoir élémentaire, non seulement parce qu'il s'agit d'une question importante, mais parce que je crois qu'il y aurait un réel intérêt à ce que les représentants des sociétés ne se trouvent pas dans cette situation de ne pas pouvoir examiner ce projet pour la séance du Conseil des Gouverneurs, mais de pouvoir, en revanche, l'examiner avec soin pour la séance de demain du Conseil des Délégués. Dès lors, ces représentants pourraient se trouver dans l'incapacité de présenter ici des propositions qu'ils seraient amenés à faire demain au Conseil des Délégués.

Je me demande par conséquent, sans vouloir modifier très sérieusement le programme de la journée, s'il n'y aurait pas intérêt à ce que nous nous réunissions cet après-midi à 4 heures seulement.

LE PRÉSIDENT. — Y a-t-il quelque réunion ou réception qui s'y oppose?

M. KITTREDGE — Non, Monsieur le président.

LE PRÉSIDENT. — Aucune opposition ne s'étant manifestée, nous reprendrons nos travaux à 16 heures.

La séance est levée à 12 h. 30.

DEUXIÈME SÉANCE

LUNDI 22 OCTOBRE 1928,
16 HEURES

Présidence de l'Honorable John Barton Payne.

LE PRÉSIDENT. — La séance est ouverte. Le secrétaire général va vous faire quelques communications. -

M. KITTREDGE. — Le secrétariat de la Conférence internationale et la Croix-Rouge néerlandaise ont invité les Gouverneurs qui sont membres de la Conférence internationale à se rendre cet après-midi au Binnenhof pour se faire inscrire.

Au nom des présidents des Commissions, j'ai l'honneur de vous annoncer que celles-ci se réuniront immédiatement après la séance.

Nous avons reçu de la Croix-Rouge uruguayenne une lettre nommant Mlle Solari déléguée au Conseil et à la Conférence. Une lettre similaire a été adressée au président de la Conférence internationale.

LE PRÉSIDENT. — Nous abordons maintenant l'examen du projet de statuts qui vous a été remis ce matin.

Général CHAMPAIN (Afrique du Sud et Indes). — M. le président, au nom de l'Afrique du Sud et de l'Inde, que je représente, et de la Grande-Bretagne, que représente Sir Edward Stewart, je déclare qu'ayant examiné ce document avec soin et ayant étudié au cours de ces derniers mois les statuts dans leur première rédaction, nous proposons que ces statuts soient adoptés dans leur forme actuelle. Ils répondent entièrement aux vœux des sociétés que nous représentons.

LE PRÉSIDENT. — La forme dans laquelle cette motion sera rédigée devra tenir compte du fait que les statuts seront présentés à la Conférence internationale et à la Commission des Délégués, qui en est une partie intégrante. J'ai ici le texte de la résolution adoptée par le Comité international. Il constitue, je crois, une base excellente pour notre action. Le voici : « Après avoir soigneusement examiné ce projet, le Comité international de la Croix-Rouge déclare unanimement qu'il s'y ralliera, si les sociétés nationales, réunies dans la

XIIIᵉ Conférence, adoptent une organisation qui lui soit conforme. »

En d'autres termes, par égard pour la Conférence et la Commission des Délégués nous ne pouvons pas prendre de décision formelle sans tenir compte de leur intervention.

M. DANEFF (Bulgarie). — Je propose d'accepter la motion présentée par MM. les délégués des Indes, de l'Afrique du Sud et de la Grande-Bretagne.

M. THIÉBAUT (France). — Il me paraît que l'hésitation que l'on semble marquer en ce moment-ci ne peut se traduire que d'une manière. Nous sommes tous d'avis, je le crois du moins, que ce texte répond au but que l'on a poursuivi en le préparant.

Notre honorable président vient de nous lire une formule, celle du Comité international, qui réserve pleinement les changements que pourront apporter la Commission des Délégués d'abord, la Conférence ensuite.

Dans ces conditions, je crois que nous n'avons pas à hésiter ; nous n'avons qu'une chose à faire, c'est d'adopter, sous une forme que le Bureau rédigera facilement en s'inspirant de la formule du Comité international, le texte des statuts qui nous a été remis ce matin.

LE PRÉSIDENT. — Le silence des membres du Conseil m'engage à donner la parole à M. Huber pour qu'il nous fasse part de son opinion au sujet des discussions qui ont abouti à la rédaction de ce document et au sujet du contenu de ce document lui-même.

M. Max HUBER (Comité international). — Monsieur le président a bien voulu me demander de prendre la parole ; aussi voudrais-je profiter de cette occasion pour le remercier des paroles si aimables qui ont été prononcées à mon égard soit par M. le président lui-même, soit par M. Draudt, soit encore par M. le Sénateur Ciraolo et par M. Conill. Je voudrais en particulier dire combien je suis touché de ce que mon ami, M. le Colonel Draudt, a bien voulu dire quand il a fait son rapport. Nous nous sommes entendus très vite et très facilement, non seulement dans le domaine des textes, mais aussi dans le domaine des relations personnelles. J'espère que cette entente personnelle pourra aussi être profitable à l'application du texte.

Quant au projet lui-même, je voudrais immédiatement me rallier à l'opinion de M. Draudt qui nous pose en défenseurs de notre texte. Vous savez que c'est une faiblesse répandue et pardonnable d'ailleurs, que les parents se préoccupent surtout de leurs propres enfants. Dans ces conditions, nous avons d'abord envisagé l'éventualité dans laquelle notre projet recevrait une approbation inconditionnelle. Nous avons cependant très bien compris que la Ligue n'ait pu se prononcer avant le Conseil des Gouverneurs et qu'ensuite la décision finale était réservée à la Conférence.

Nous avons été très heureux d'examiner avec le plus grand soin, et avec le plus grand désir d'en tenir compte, toutes les observations qui étaient de nature à améliorer le projet sans en changer la substance, de manière à trouver un texte qui, dès le commencement de la Conférence et du Conseil des Gouverneurs, rencontrerait une approbation aussi générale que possible et, espérons-le, universelle.

Je me suis trouvé dans une situation un peu délicate, parce que le Comité international, que j'ai l'honneur de présider, avait pris une décision. J'ai considéré toutefois que je devais assumer mes responsabilités en consentant à quelques modifications qui changent un peu le projet qui avait été adopté par le Comité international. Je suis convaincu d'ailleurs que les modifications que nous y avons apportées n'ont rien changé d'essentiel ; elles ont certainement tenu compte des observations de certaines sociétés nationales, observations justifiées, et considérées comme importantes par elles. Le fond reste le même.

En tout état de cause, j'espère que le Comité international me suivra dans la responsabilité que j'ai prise, et j'ai été très heureux de voir que votre Conseil est animé d'intentions aussi favorables pour le projet que votre vice-président et moi avons élaboré et signé le 11 mai. Dans ces derniers jours encore, ainsi qu'on vous l'a déjà dit, ce projet a été discuté au cours de conversations que j'ai eu l'honneur d'avoir avec votre président, le Juge Payne ; il a trouvé une formule encore un peu différente, mais tout à fait conforme à l'esprit qui nous a guidés dès la première minute.

Permettez-moi de profiter de cette occasion pour vous dire combien je suis sensible aux paroles que M. Payne, a prononcées ce matin sur la manière dont il envisage la représentation du Comité international dans le cadre de votre Conseil. Nous avons très bien apprécié que c'est là un geste d'amitié et de confiance et qu'il serait dès lors déplacé de vouloir envisager cette question d'une façon trop étroite.

Je tiens encore à remercier M. le président, des paroles qu'il a prononcées. *(Applaudissements)*.

M. BALS (Roumanie). — Je propose que le texte soumis au vote du Conseil des Gouverneurs soit identique au texte du Comité international.

LE PRÉSIDENT. — M. le Prof. Nolf a joué un grand rôle dans notre réunion de mai dernier ; ne voudrait-il pas prendre la parole?

3

M. Professeur NOLF (Belgique). — M. le président désire
que je donne mon impression. C'est une impression de profonde
joie. Je suis heureux de me trouver ici dans une atmosphère de calme
et de paix, qui d'ailleurs est celle de La Haye, puisque La Haye est
la ville de la paix. Les débats de Berne et de Paris ont été très vifs,
peut-être pas en séance plénière, mais dans les commissions où l'on a
discuté pied à pied. Somme toute, nous sommes arrivés à des formules
de compromis.

A Berne et à Paris, ces formules ont paru, particulièrement à
nos amis scandinaves, n'être pas du tout conciliables. Or, j'ai toujours
été optimiste ; j'ai pensé que les formules de Paris, qui s'inspiraient
du même besoin auquel répondait la formule de Berne, finiraient
moyennant certaines modifications de rédaction, par rencontrer une
approbation unanime. Lorsque je suis parti de Paris, je me suis dit :
actuellement, c'est une question de temps. Le temps aidant, on arri-
vera certainement à se mettre d'accord.

C'est pourquoi je ne suis nullement étonné de ne plus entendre
aucune voix s'élever. Nous sommes tous d'accord. Ce travail qui
paraissait si ardu, si difficile à mener à bonne fin, est pourtant arrivé
à chef. Il y a un an comme il y a deux ans, nous avons dit tout ce
qu'il y avait à dire. Nous avons semé. Le moment est venu pour nous
de faire la récolte. Faisons-la et ne parlons pas plus longtemps. Nous
sommes tous très heureux et quand tout le monde est heureux, personne n'éprouve le besoin de parler.

Je crois donc, après M. Thiébaut et en m'inspirant de votre sentiment à tous, que le moment est vraiment venu de passer à l'acte
décisif et d'adopter sans plus amples discussions, le texte de M. le président.

Nous sommes devant une décision fort importante et on est
quelque peu étonné de ce que personne ne prenne plus la parole pour
défendre certaines idées. Mais c'est précisément parce que nous
n'avons pas perdu notre temps il y a un an et il y a deux ans, que nous
constatons la fin toute naturelle de ces discussions.

Encore une fois, il y a eu des mécontents des deux côtés. Nous
avons fait cette constatation à Berne d'abord, à Paris ensuite. A ce
moment, les distances à parcourir paraissaient longues ; on croyait
être extrêmement loin du but. Le temps a fait son œuvre. Nous avons
atteint nos fins. Le moment n'est plus de parler, il est d'agir. Cette
décision que vous allez prendre sera en réalité le résultat de longues
réflexions. Nous ne commettons pas du tout un acte de légèreté et
d'impulsivité en adoptant le texte qui nous est proposé. Il est le

fruit de longues méditations et de judicieuses délibérations. Nous pouvons donc nous y rallier sans aucune espèce de crainte.

Je crois donc être l'interprète de chacun de nous en félicitant tous ceux qui ont contribué à la solution de cette question. On l'a déjà fait, mais il n'est peut-être pas superflu d'y revenir, car j'entends aussi par là remercier tous ceux qui participèrent à la Conférence de Berne et tous les membres du Conseil des Gouverneurs de Paris. Nous avons toujours travaillé dans un désir d'union et de paix. Nous sommes extrêmement heureux que ces efforts n'aient pas été vains. D'ailleurs, au fond du cœur, personne n'a jamais douté que l'on parviendrait à un accord, parce que nous n'avions, pour le réaliser, qu'à nous inspirer de l'idée même de la Croix-Rouge.

J'ai peut-être été plus long que vous ne désiriez et surtout que je ne le désirais moi-même. Je vous propose, en terminant, de clore la série des discours et de prendre immédiatement une décision. *(Vifs applaudissements.)*

M. DINICHERT (Suisse). — Je ne pensais pas tout à l'heure qu'il pût appartenir à celui qui est le benjamin parmi vous de se faire en quelque sorte l'interprète de la pensée qui peut et qui doit dominer le Conseil des Gouverneurs en ce moment-ci. Si néanmoins je me lève en cet instant, c'est parce que les paroles que je viens d'entendre de la part de M. Nolf me sont allées au cœur. Il a cru devoir évoquer le souvenir de cette Conférence de Berne dont j'ai le droit de dire un mot puisque j'ai l'honneur d'être parmi vous le représentant de la société qui avait assumé la charge fort honorable, mais difficile, d'organiser cette réunion.

Je voudrais simplement, en complément de ce que vient de déclarer M. Nolf, affirmer encore une fois, parce que j'ai la permission de le faire, que, nous tous qui avons à Berne travaillé à l'œuvre commune, nous avons véritablement été animés des meilleurs sentiments. Nous avons eu un moment de grande satisfaction lorsqu'un accord unanime a été réalisé. Vous savez qu'ensuite sont venues quelques déceptions ; mais ceux qui ont un peu suivi la faible part que j'ai eu l'occasion de prendre à ces travaux savent qu'à aucun moment, je n'avais perdu l'espoir de voir se réaliser un accord. Je fais notamment appel au souvenir et aux sentiments de mon ami le Colonel Draudt, qui sait que j'avais toujours gardé cet espoir. Je n'ai ainsi plus aujourd'hui qu'une tâche à remplir ici : remercier le Conseil des Gouverneurs d'avoir fait, pour sa part aussi, preuve d'esprit de conciliation en prenant la main que nous avions essayé de lui tendre à Berne déjà.

Je crois donc que nous sommes en parfaite communion d'idées.
Nous ne pouvons que nous féliciter mutuellement du résultat aujour-
d'hui définitivement acquis. *(Applaudissements.)*

LE PRÉSIDENT. — Nous allons procéder au vote sur la motion
présentée par le général Champain et Sir Edward Stewart au nom de
le Grande-Bretagne, de l'Afrique du Sud et de l'Inde, et appuyée
par M. le Dr Daneff, au nom de la Bulgarie.

(La motion est adoptée à l'unanimité).
La séance est levée à 17 heures.

TROISIÈME SÉANCE

Jeudi 25 Octobre 1928
15 heures

Présidence de l'Honorable John Barton Payne

LE PRÉSIDENT. — La séance est ouverte.

M. KITTREDGE. — Depuis la réunion de lundi, nous avons appris que M. José Matos, ministre du Guatémala à Paris, a été désigné par cablogramme pour représenter sa société à cette réunion.

Quelques-uns des membres du Conseil ont demandé s'il n'était pas possible de terminer l'examen de l'ordre du jour du Conseil demain après-midi, afin de permettre à ceux qui le désirent de quitter La Haye samedi après-midi. Si, ainsi que je crois le savoir, deux des Commissions ont déjà achevé leurs rapports, il serait peut-être possible — en prolongeant la séance plénière jusqu'à ce que toutes les questions aient été traitées — d'épuiser l'ordre du jour et de tenir la séance de clôture du Conseil demain, au lieu de samedi après-midi.

LE PRÉSIDENT. — Ceci me paraît très réalisable.

La première question à l'ordre du jour est le rapport de la première Commission, concernant les amendements à apporter aux statuts afin de les mettre en conformité avec les statuts de la Croix-Rouge internationale adoptés ce matin. Je donne la parole à M. Dinichert.

M. DINICHERT (Suisse). — Monsieur le président, Mesdames et Messieurs, la première Commission du Conseil des Gouverneurs a, avant toute chose, abordé la question de la revision des statuts. Il a été constaté qu'il n'y a pas de modification à apporter au règlement. Cette revision des statuts de la Ligue a pour but de les rendre conformes aux nouveaux statuts de l'organisation internationale que nous avons créée tous ensemble aujourd'hui. Cette étude, confiée à deux d'entre nous, a été considérablement simplifiée du fait que le secrétariat de la Ligue nous a apporté un travail suffisamment préparé pour qu'il pût être mis au point en très peu de temps. C'est pourquoi la Commission a été d'avis qu'il n'y avait pas lieu de vous présenter un rapport détaillé, mais qu'il suffisait, par une lecture du

texte, de vous permettre d'apprécier quelles sont les innovations à
introduire dans les anciens statuts de la Ligue (1). La plupart de ces modifications et celles qui sont les plus importantes ne doivent pas donner
lieu à discussion puisqu'elles découlent de la nécessité d'adapter ces
nouveaux statuts aux statuts de l'organisation internationale. Mais
vous verrez, chemin faisant, que l'on a saisi cette occasion pour apporter aux anciens statuts quelques autres modifications, au sujet desquelles je me permettrai de vous donner quelquefois de brèves expli-
cations, quitte à les compléter si le Conseil des Gouverneurs manifes-
tait le désir d'avoir à ce sujet des éclaircissements complémentaires.
Nous suivrons, si vous le voulez bien, le texte des anciens statuts de
la Ligue, et nous y marquerons, au fur et à mesure, les amendements
qui doivent y être apportés.

A l'article 1er, nous avons à modifier complètement le deuxième
alinéa, afin de constater, par une disposition en quelque sorte fonda-
mentale, la consécration de l'unité de tous les éléments de la Croix-
Rouge. Cet article recevrait la rédaction suivante :

ARTICLE PREMIER. — La Ligue des Sociétés de la Croix-Rouge fait partie
de la Croix-Rouge internationale, telle qu'elle est définie par les statuts approuvés par la XIIIe Conférence internationale et auxquels la Ligue se conforme.
La Ligue poursuit un programme de paix raisonné et compréhensif et collabore avec les autres éléments de la Croix-Rouge internationale : les sociétés
nationales et le Comité international de la Croix-Rouge. Cet effort commun
aura pour résultat de maintenir les meilleures traditions de la Croix-Rouge et
d'accroître les bienfaits de son action.

Je ne sais pas si le président désire poser une question à l'assemblée à l'occasion de chacun des articles, ou si nous devons passer en
revue, sans nous arrêter, le texte entier des nouveaux statuts.

LE PRÉSIDENT. — Je propose, à moins qu'un des membres
désire poser une question, que vous continuiez la lecture des articles
jusqu'à la fin.

M. DINICHERT (Suisse). — A l'article II, nous ajoutons au texte
actuel, qui par ailleurs ne serait pas modifié, des dispositions qui sont
textuellement reprises de l'article IX des statuts de l'organisation
internationale et qui sont ainsi conçues :

La Ligue collabore avec le Comité international de la Croix-Rouge dans
les domaines qui touchent aux activités de l'une et de l'autre, particulièrement
en ce qui concerne les œuvres d'assistance en cas de calamités nationales ou
internationales.
Cette collaboration est assurée, notamment, par la nomination d'un représentant que le Comité international de la Croix-Rouge accrédite auprès de la
Ligue et d'un représentant que la Ligue accrédite auprès du Comité international de la Croix-Rouge.

(1) Voir page 83 l'ancien et le nouveau texte des statuts de la Ligue.

A la suite de l'article IV, nous avons à insérer un nouvel article, qui sera l'article V ; en conséquence, les articles suivants subiront la répercussion de cette nouvelle numérotation. Le nouvel article V doit consacrer en principe les rapports de la Ligue avec les autres éléments de la Croix-Rouge internationale : la Conférence, le Conseil des Délégués et la Commission permanente. Nous lui donnons la forme que voici :

La Ligue participe, par ses délégués, à la Conférence internationale et au Conseil des Délégués, ainsi que, par deux représentants, à la Commission permanente prévue par les statuts de la Croix-Rouge internationale.

Dans le nouvel article VI (ancien article V), nous avons à exclure de l'organisation de la Ligue l'Assemblée générale, puisque son abolition se trouve être prononcée par une des dispositions transitoires des statuts de la Croix-Rouge internationale. Nous dirons donc :

La gestion des affaires de la Ligue est confiée à un Conseil des Gouverneurs et à un Comité exécutif.

Comme autre conséquence immédiate, le paragraphe concernant l'Assemblée générale dans l'article V des anciens statuts disparaît entièrement.

Nous reprenons notre lecture au paragraphe concernant le Conseil des Gouverneurs :

a) Le Conseil des Gouverneurs est formé à raison d'un représentant par société nationale de la Croix-Rouge, membre de la Ligue ; chaque représentant a droit à une seule voix. Les membres du Conseil sont nommés pour une période de quatre années ou pour toute autre période que fixeront les sociétés qui les auront nommés ; ils peuvent être remplacés temporairement ou d'une manière définitive au gré des sociétés nationales qui les nomment.

b) Le Conseil des Gouverneurs établit le programme du travail et la politique générale de la Ligue et décide des questions d'ordre général. Il est, en outre, chargé de gérer les fonds de la Ligue.

Ici vient un alinéa nouveau, en conformité avec l'article IV des statuts de la Croix-Rouge internationale, qui dit :

Le Conseil des Gouverneurs se prononce et, le cas échéant, statue sur les questions et sur les propositions qui lui sont renvoyées par la Conférence internationale de la Croix-Rouge ou par la Commission Permanente.

Vous vous rappelez que, d'après les statuts qui ont été adoptés ce matin, cette possibilité de renvoi peut se produire tout aussi bien pour le Conseil des Gouverneurs que pour le Conseil des Délégués, l'un et l'autre réunis en même temps que la Conférence internationale.

Le paragraphe *c)* serait rédigé comme suit :

c) Le Conseil des Gouverneurs nomme parmi ses membres un président et trois vice-présidents qui restent en fonction pour une période de quatre années à partir de la date de leur élection ; ils sont rééligibles. En outre, le président du Comité central de la Croix-Rouge du pays dans lequel la Ligue a son siège est d'office vice-président du Conseil des Gouverneurs.

La période de quatre années est une disposition nouvelle qui remplace la période de deux années prévue dans les anciens statuts : Le Conseil des Gouverneurs, en effet, qui jusqu'ici se réunissait normalement tous les ans, ne peut plus dorénavant, d'après les statuts de l'organisation internationale, se réunir normalement que tous les deux ans. La Commission a donc pensé devoir vous proposer d'étendre la durée du mandat du président et des vice-présidents de deux à quatre années. Il s'agit là d'une innovation qui a son importance et qui est en relation immédiate, mais indirecte, avec les dispositions des statuts, de l'organisation internationale. L'adjonction d'un quatrième vice-président, représentant la Croix-Rouge des pays où est le siège de la Ligue, répond à une résolution déjà prise en principe par le Conseil des Gouverneurs en 1927.

Viennent ensuite les textes suivants :

d) Douze membres du Conseil des Gouverneurs constituent le quorum.

e) Tout vote adopté à la majorité des voix de ce quorum est décisif, sauf dans le cas prévu à l'article IX des présents statuts.

f) Le Conseil des Gouverneurs tient sa session tous les deux ans, cette session devant avoir lieu dans la même ville et à la même époque que la Conférence internationale, les années où cette dernière est convoquée.

Le Conseil des Gouverneurs peut être réuni en session extraordinaire par son président. Le président doit le réunir en session extraordinaire lorsque la demande lui en est faite par le Comité exécutif ou par au moins dix sociétés membres de la Ligue.

Ensuite, l'ancien texte est maintenu tel quel :

g) Le président du Conseil des Gouverneurs ou, en son absence, un des vice-présidents désigné par lui est chargé de la surveillance générale des travaux du secrétariat et de la représentation de la Ligue auprès des autres institutions et des sociétés nationales membres de la Ligue. Le vice-président désigné prête service à titre bénévole, mais reçoit une indemnité destinée à couvrir les frais occasionnés par l'exercice de ces fonctions.

En l'absence du président, ce dernier est remplacé à tour de rôle par un des trois autres vice-présidents aux réunions du Conseil des Gouverneurs et du Comité exécutif.

h) Le conseil des Gouverneurs désigne un secrétaire général qui est d'office secrétaire du Conseil des Gouverneurs et du Comité exécutif, un trésorier général et un conseiller technique, s'il le juge opportun. Le secrétaire général est chargé d'administrer, sous la direction du président, le secrétariat de la Ligue, et de veiller à l'accomplissement de la tâche confiée à celui-ci.

Le paragraphe concernant le Comité exécutif est modifié comme suit :

Le Comité exécutif est composé du président et des vice-présidents du Conseil des Gouverneurs et de six membres désignés par le Conseil des Gouverneurs parmi ses membres, pour une période de quatre ans ; ces derniers sont soumis à réélection, par moitié, tous les deux ans.

C'est, en somme, le système actuel adapté aux délais nouveaux.

Lorsqu'un membre du Comité exécutif se trouve dans l'impossibilité d'assister à une réunion quelconque, il peut déléguer ses pouvoirs, soit à un suppléant, soit à un autre membre du Comité.

Le Comité exécutif se réunit tous les six mois au siège de la Ligue.

Le texte ancien disait tous les trois mois. Il semble que l'expérience rende recommandable cette modification.

En outre, le président du Conseil des Gouverneurs peut le convoquer toutes les fois qu'il le juge utile. Il doit le convoquer lorsqu'une société membre de la Ligue ou un membre du Comité exécutif lui en fait la demande.

Monsieur le Président, j'ai terminé mon exposé.

LE PRÉSIDENT. — Le Professeur Nolf, président de la première Commission pourrait peut être nous dire ce que propose cette Commission.

Professeur NOLF (Belgique). — Je vous demande simplement d'adopter le rapport de M. Dinichert. Il nous a dit que les nouveaux textes qu'il nous propose découlent des décisions prises ce matin et je pense que vous devez continuer logiquement dans la même voie et prendre de nouvelles décisions qui ne sont que les corrolaires logiques des décisions de ce matin.

LE PRÉSIDENT. — Vous avez entendu le rapport de la première Commission concernant les amendements à apporter aux statuts de la Ligue pour les mettre en conformité avec l'organisation internationale nouvelle de la Croix-Rouge.

Y a-t-il une motion pour l'adoption en bloc de ces amendements?

M. CONILL (Cuba). — Je présente la motion.

M. THIÉBAUT (France). — Je l'appuie.

(La motion est adoptée à l'unanimité.)

Nous arrivons maintenant au rapport de la deuxième Commission portant sur les points 10 et 11 de l'ordre du jour.

M. DANEFF (Bulgarie). — Notre Commission a essayé d'approfondir toutes les questions qui lui ont été soumises et, à la suite des deux réunions que nous avons tenues, nous avons l'honneur de présenter quelques motions à votre appréciation.

Il vous restera, Messieurs les Gouverneurs, à approuver ou à amender les résolutions que j'ai l'honneur de vous soumettre au nom de la deuxième Commission.

LE PRÉSIDENT. — Je me demande si nous ne votons pas quelquefois sur des questions très importantes sans en avoir tous une connaissance approfondie. Les résolutions présentées ont été étudiées par la deuxième commission. Bien entendu, les membres de cette Commission ont conféré avec les membres du secrétariat qui s'occupent plus particulièrement de ces questions, mais je crois que ceux d'entre nous qui n'ont pas assisté aux séances de cette Commission devraient être mieux informés. Il serait peut-être préférable d'attendre à demain avant de nous prononcer, afin que chacun puisse se familiariser un peu plus avec les motions importantes qu'on nous demande d'approuver. Le texte pourra être distribué d'avance.

M. DINICHERT (Suisse). — Je voudrais remercier notre président de sa proposition, qui me paraît tout à fait indiquée, car, dans cette longue série de résolutions très intéressantes, quelques-unes ont une portée assez grande et pourraient soulever pour quelques sociétés nationales certaines difficultés. Je crois qu'il y aurait un véritable intérêt à ce que l'on nous donne suffisamment de temps pour les lire, afin que nous puissions répondre, vis-à-vis de la société dont nous tenons notre mandat, de l'attitude que nous avons prise à leur sujet. Je serais reconnaissant au Conseil de ne pas prendre de décision globale sur ces résolutions avant la séance de demain.

LE PRÉSIDENT. — Si vous êtes d'accord, je vais demander au secrétaire de vous fournir aussitôt que possible une copie des résolutions. Les membres du secrétariat, bien entendu, sont toujours à la disposition des membres du Conseil pour répondre aux questions et donner des renseignements.

Je vois, par exemple, un projet de résolution, qui concerne nos publications. J'ai étudié très sérieusement avec le secrétariat de la Ligue l'opportunité de renoncer à la publication de *Vers la Santé*, et, après enquête, je me suis aperçu qu'il existe de grandes divergences d'opinion à ce sujet. Certains pensent qu'il ne faudrait pas suspendre cette publication. Beaucoup d'autres questions exigent une réflexion approfondie. J'espère que les membres du Conseil se renseigneront sur ces questions et seront prêts de la sorte à voter demain en toute connaissance de cause.

M. KITTREDGE. — La réunion des Commissions était prévue pour quatre heures cet après-midi, et si tel est l'avis du Conseil, il vaudrait peut-être mieux ajourner la discussion pour permettre aux Commissions de discuter leurs rapports. Nous pourrions ainsi fournir demain matin au Conseil des copies ronéographiées des résolutions.

LE PRÉSIDENT. — Depuis la dernière réunion du Conseil, j'ai été averti — je n'ai pas la lettre devant moi — que notre trésorier général a donné sa démission. Je suppose que nous devrions accepter cette démission et prendre notre temps pour considérer la nomination d'un autre trésorier général. Nous pourrions peut-être renvoyer cette nomination au Comité exécutif. Je ne vois pas ce que nous pouvons faire d'autre, parce que je ne suis pas en mesure de faire aucune recommandation aujourd'hui.

SIR EDWARD STEWART (Grande-Bretagne). — Dans ces circonstances, je propose que nous renvoyions la question au Comité exécutif.

M. CONILL (Cuba). — Le Comité exécutif ne se réunit que dans six mois. Si nous devons nommer un trésorier il faudrait que nous prenions une décision immédiatement.

LE PRÉSIDENT. — Il n'est pas nécessaire que nous le nommions immédiatement ; il faut attendre que nous trouvions quelqu'un.

M. CONILL (Cuba). — Faut-il donc que nous attendions jusqu'au prochain Comité exécutif?

LE PRÉSIDENT. — Nous pouvons nous arranger temporairement. Y a-t-il quelques difficultés en ce qui concerne les signatures?

M. KITTREDGE. — Le trésorier général a désigné un trésorier général adjoint, qui a été en fonctions depuis un an, si bien qu'en ce qui concerne le côté pratique, il n'y a pas de difficulté.

LE PRÉSIDENT. — Je crois que tout ira bien ainsi.

Sir Edward Stewart propose donc que la question de la démission du trésorier général de la Ligue soit renvoyée au Comité exécutif avec pouvoir d'agir.

(La motion est adoptée à l'unanimité.)

LE PRÉSIDENT. — Pendant la session de la Conférence internationale et depuis quelque temps déjà, les membres de l'Alliance des

Croix-Rouges et Croissant-Rouge de l'U. R. S. S. ont eu des entretiens avec le Colonel Draudt et le secrétaire général, au sujet de leurs rapports avec la Ligue. En ce qui concerne la question de leur entrée dans la Ligue, ce point est réglé par l'article III de nos statuts :

Toute société de la Croix-Rouge organisée selon les principes de la Convention de Genève, et dûment autorisée par son gouvernement, qui poursuit les buts indiqués à l'article II, peut être admise dans la Ligue des Sociétés de la Croix-Rouge sur une invitation envoyée par le Conseil des Gouverneurs.

Le vice-président et le secrétaire général sont à votre disposition pour vous rendre compte de ces entretiens.

M. CONILL (Cuba). — La question que nous traitons en ce moment est extrêmement délicate. Cependant puisque notre président nous le demande, je serais d'avis que la Ligue ne fît pas cette invitation avant de s'être assurée au préalable de la conformité des principes de l'Alliance avec ceux de la Ligue. Je crois que la question n'est pas mûre et que nous n'obtiendrons pas les renseignements qui nous manquent avant la prochaine réunion du Conseil des Gouverneurs ; le Conseil pourra alors étudier cette affaire en toute connaissance de cause.

Vicomtesse NOVAR (Australie). — Quelle est la situation réelle de cette société?

M. DINICHERT (Suisse). — Nous ne nous dissimulons pas que cette question, qui surgit peut-être pour l'un ou l'autre de nous quelque peu inopinément, est en effet assez délicate. Par conséquent, je ne puis pas avoir la prétention, en quelques instants, de vouloir vous en indiquer la solution. Je voudrais simplement me borner à constater quelle est la position de droit en égard à cette question. Le Comité international a effectivement reconnu cette société nationale selon les principes appliqués par le Comité en se basant sur les Conventions internationales qui lient les gouvernements et les États participant à la Convention de Genève ; or, tel est le cas de l'U. R. S. S., qui a ainsi la faculté, à teneur de cette Convention, de désigner les sociétés de secours qui peuvent bénéficier de la Convention. L'U. R. S. S. est donc un État participant à la Convention de Genève avec la faculté contractuelle de reconnaître telle ou telle société et possédant le droit de demander que cette société soit reconnue comme société nationale régulière. Ceci est un fait juridique incontestable. En vertu de cette reconnaissance, cette société nationale, sur la base des statuts que nous avons adoptés ce matin, fait partie *ipso facto* de la Conférence internationale de la Croix-Rouge. Mais là où la question n'est pas claire pour moi, c'est lorsque nous avons à appliquer l'article III des statuts de la Ligue qui dit :

Toute société de la Croix-Rouge, organisée selon les principes de la Convention de Genève, et dûment autorisée par son gouvernement, qui poursuit les buts indiqués à l'article II, peut être admise dans la Ligue des Sociétés de la Croix-Rouge, sur l'invitation envoyée par le Conseil des Gouverneurs.

C'est une question d'interprétation des statuts de la Ligue. Est-ce qu'ils veulent dire qu'il est, en somme, dans le bon plaisir, non arbitraire, mais réfléchi, du Conseil des Gouverneurs d'adresser cette invitation ou de ne pas l'adresser? Si vous interprétez cet article de telle manière que vous conservez votre liberté d'action complète, je n'ai évidemment pas à formuler de propositions. On peut alors accueillir, juridiquement, une proposition qui consiste à renvoyer l'examen de cette question. Si, au contraire, vous étiez d'avis qu'il ne faut pas prendre ce texte à la lettre, mais que, puisqu'il s'agit de la société dûment reconnue par un État signataire de la Convention de Genève, qui en a fait part au Comité International et que celui-ci, de son côté a reconnu ; que ce fait de la reconnaissance par le Comité international lui donne un droit formel de faire partie de la Ligue, nous serions alors obligés d'adresser une invitation. Je ne tranche pas la question, mais telle est la manière dont elle se pose dans mon esprit.

M. CONILL (Cuba). — J'estime que les articles II et III sont intimement liés. Il me semble que les droits de la Ligue sont absolus. Il est clair que le Conseil des Gouverneurs est libre d'envoyer une invitation, mais il n'y est pas obligé. Par conséquent, cette invitation ne peut être envoyée que dans le cas où les principes de la société que l'on se propose d'admettre sont conformes à ceux décrits dans l'article II. Je ne veux pas entrer dans des questions politiques ; la Ligue ne s'en occupe pas. Mais, de toute façon, je crois essentiel que nous obtenions, avant toute action, des renseignements sur une société dont l'activité, sur son propre territoire, nous est encore à peu près complètement inconnue.

Vicomtesse NOVAR (Australie). — Nous voudrions savoir aussi comment est constituée la société de Croix-Rouge soviétique?

LE PRÉSIDENT. — Elle est reconnue par le Comité international de la Croix-Rouge. Je pourrais ajouter qu'elle est constituée par l'alliance de huit sociétés différentes et je crois savoir que des démarches ont été faites auprès du Comité international en vue d'obtenir leur reconnaissance individuelle. En tout cas, pour le moment, une seule société est reconnue et il va de soi que nous ne saurions adopter, à cet égard, un point de vue différent de celui du Comité international.

Vicomtesse NOVAR (Australie). — J'appuie la proposition de M. Conill, tendant à fournir au Conseil, avant toute action, plus amples renseignements sur les principes qui sont à la base de l'Alliance des Croix-Rouges et du Croissant-Rouge soviétiques.

LE PRÉSIDENT. — Y a-t-il d'autres observations?

Général CHAMPAIN (Indes Britanniques). — Je désire appuyer la proposition de M. Conill, que la question soit remise jusqu'à la prochaine réunion du Conseil des Gouverneurs. J'hésiterais beaucoup à l'heure actuelle à prendre position et il me paraît nécessaire que le secrétaire général et le Colonel Draudt puissent s'assurer de la conformité des principes de l'Alliance avec les dispositions de l'article II des statuts de la Ligue. En attendant, ces messieurs auront le temps de continuer leurs pourparlers et de nous fournir les renseignements souhaitables.

M. BALS (Roumanie). — Je voudrais parler d'une question de règlement. Peut-on, en principe discuter une question qui ne figure pas à l'ordre du jour du Conseil?

M. DE GLACZ (Hongrie). — J'estime que la question dont nous parlons est tellement délicate qu'avant de prendre aucune décision il faudrait fournir l'occasion aux comités centraux des sociétés nationales d'obtenir des éclaircissements à ce sujet.

LE PRÉSIDENT. — Étant donné ce qui a été dit, il serait peut-être sage que le Conseil des Gouverneurs s'abstînt de prendre une décision à l'heure actuelle. En attendant la prochaine réunion, les membres du secrétariat pourront continuer leurs pourparlers avec ces messieurs et seront alors à même de nous fournir de plus amples renseignements.

Je considère donc que le sentiment du Conseil est que les pourparlers doivent être poursuivis et qu'une décision ne devra être prise qu'à une réunion ultérieure du Conseil.

(Il en est ainsi décidé.)

L'ordre du jour est épuisé. S'il n'y a pas d'autres propositions ou observations, nous nous réunirons demain à 16 heures.

M. KITTREDGE. — L'ordre du jour prévoit que les Commissions de la conférence se réuniront immédiatement après cette séance et ensuite demain avant la séance plénière qui est annoncée pour 16 heures. Cependant, aujourd'hui l'invitation de S. A. R. le Prince des Pays-Bas empêchera sans doute la plupart des membres des commissions de rester ici. Je propose par conséquent qu'ils se réunissent à nouveau vers la fin de l'après-midi et pour la seconde fois demain à 14 h. 30 afin d'être en mesure de soumettre leurs rapports à 16 heures.

(La séance est ajournée jusqu'au lendemain 16 h. 30.)

———

QUATRIÈME SÉANCE

VENDREDI 26 OCTOBRE 1928

16 heures

———

Présidence de l'Honorable John Barton Payne

———

LE PRÉSIDENT. — J'ai à vous signaler une communication qui vient de m'être faite par les représentants de la Nouvelle-Zélande :

> Monsieur le Président,
>
> Vous avez bien voulu nous demander quelques suggestions quant à l'activité future de la Ligue.
>
> Nous nous permettons respectueusement de vous rappeler que la Ligue est un patron qui a des responsabilités envers ses employés.
>
> Nous proposons donc que dix pour cent de tous les revenus de la Ligue soient consacrés à la fondation d'une caisse d'assurances pour nos employés et que le nécessaire soit fait, dans toute la mesure du possible, pour nous placer parmi les patrons qui s'efforcent de faire leur devoir envers leurs collaborateurs. Occupons-nous d'abord de ceux qui vivent dans notre propre maison.
>
> *Signé :* W. E. COLLINS.
>
> D. COLQUHOUN.

Je propose, si vous êtes d'accord, que la question soit soumise à l'étude du Comité exécutif.

(Approuvé à l'unanimité.)

LE PRÉSIDENT. — Le secrétaire général a quelques communications à nous faire.

M. KITTREDGE. — Je désire attirer l'attention des membres du Conseil sur les résolutions de la deuxième Commission qui nous ont été distribuées ce matin. Il en reste encore quelques exemplaires à l'intention des membres du Conseil qui n'étaient pas présents à la séance de ce matin.

Les rapports et résolutions de la troisième Commission nous ont également été remis. Les travaux de la première Commission sont aussi terminés et la Commission est prête à faire son rapport.

LE PRÉSIDENT. — Nous écouterons d'abord le rapport de la première Commission concernant l'établissement d'un Conseil consultatif.

. Vicomtesse NOVAR (Australie) donne lecture du rapport de la première Commission :

« Les rapporteurs, après avoir examiné les différents aspects de la question, sont d'accord pour soumettre les considérations suivantes :

Pour donner aux travaux techniques de la Ligue toute leur valeur, il paraît indispensable d'assurer au secrétariat la possibilité de recourir, en cas de besoin, aux conseils des personnes les plus autorisées dans les différents domaines de l'activité de la Croix-Rouge en temps de paix. Il conviendrait par conséquent d'autoriser le Comité exécutif à faire étudier des problèmes d'ordre technique, chaque fois qu'il le juge nécessaire ou utile, en confiant un mandat précis et limité, soit à un expert reconnu en la matière, soit à un Comité restreint désigné *ad hoc*.

Les experts désignés en vertu de cette autorisation seront choisis, autant que possible, parmi les sommités reconnues dans les différents domaines, appartenant aux pays dont l'expérience en la matière a donné les résultats les plus satisfaisants.

1. Il ne paraît pas indiqué de prévoir la formation, soit d'un Conseil des experts régulièrement constitué, soit de Comités consultatifs à mandat illimité. La création de ces organes risquerait d'entraîner la Ligue à de grosses dépenses et pourrait influer sur la liberté d'appréciation du secrétariat qui, sous réserve des directives qu'il reçoit du Conseil des Gouverneurs et du Comité exécutif, doit demeurer entière.

2. La collaboration entre les sociétés nationales de la Croix-Rouge et le secrétariat de la Ligue, base essentielle de l'action de ce dernier, a pour corollaire la possibilité pour lui de s'adresser en tout temps aux experts qui se trouvent au sein de ces sociétés. Afin de rendre cette collaboration toujours plus étroite, le secrétariat est autorisé à s'adresser à toutes les Croix-Rouges, en les priant de bien vouloir lui signaler, de temps en temps, les dons des personnes qu'elles seraient particulièrement désireuses de voir consultées par la Ligue dans les différents domaines de son activité.

Le Conseil autorise le Comité exécutif à prendre l'avis d'autres personnes, en cas de besoin, après avoir consulté la Croix-Rouge de leurs pays respectifs ».

En résumé, M. le président, la Commission estime que, quoique la Ligue aurait tout intérêt à pouvoir disposer des conseils d'experts, il serait préférable de ne pas avoir un Conseil permanent avec des mandats à longue échéance, d'abord pour des raisons d'économie et ensuite parce que l'existence d'un tel Comité empêcherait en quelque sorte le secrétariat de chercher d'autres directives en dehors du Comité ;

il serait difficile de consulter un membre sans réunir tous les membres.

L'autre résolution indique de quelle manière les conseils pourraient être obtenus.

LE PRÉSIDENT. — Que proposez-vous?

Vicomtesse NOVAR (Australie). — Les résolutions prévoient l'établissement d'une liste d'experts dans les différents pays, en choisissant bien entendu, pour chaque question, les pays qui s'y intéressent particulièrement et qui ont eu le plus d'expérience à cet égard ; elles prévoient également la faculté pour ces pays de désigner des conseillers non seulement parmi les personnalités de la Croix-Rouge mais aussi parmi d'autres personnalités spécialement compétentes pour traiter ces questions; il est entendu, cependant, dans ce dernier cas, et avant d'adopter cette procédure, que les sociétés nationales doivent être consultées.

LE PRÉSIDENT. — Si vous estimez que vous êtes suffisamment renseignés pour agir sur les recommandations de la première Commission, nous pourrions procéder au vote sur l'adoption du rapport.

Professeur NOLF (Belgique). — En ma qualité de président de la Commission, je propose l'adoption de ces propositions.

LE PRÉSIDENT. — Vous avez entendu la proposition. Avez-vous des observations à faire?

(Le rapport est adopté à l'unanimité.)

LE PRÉSIDENT. — Rapport de la première Commission sur la date et le lieu de réunion des conférences régionales.

M. CONILL (Cuba). — M. le président, au sujet de la question de la prochaine conférence panaméricaine, j'ai déjà eu l'occasion de rappeler à la première commission que ce sujet avait été traité en 1927. En effet, je vois ici qu'à la dernière conférence panaméricaine on a proposé une résolution disant :

La Conférence demande que la IIIe Conférence panaméricaine ait lieu à Rio-de-Janeiro, la convocation se fera d'accord entre le secrétariat de la Ligue et la Croix-Rouge brésilienne, dans un délai minimum de trois ans et maximum de cinq ans.

Je propose en conséquence, de voter la résolution suivante :

Le Conseil des Gouverneurs autorise le secrétariat à convoquer, d'accord avec la Croix-Rouge brésilienne, la IIIe Conférence panaméricaine en 1930 ou 1931.

Si l'on accorde un délai de deux ans, c'est uniquement pour que la Croix-Rouge brésilienne puisse choisir la date qu'elle préfère.

LE PRÉSIDENT. — J'estime que si la Conférence internationale se réunit en 1930, la IIIe conférence panaméricaine devrait se réunir en 1931.

M. CONILL (Cuba). — Le secrétariat décidera cela avec la Croix-Rouge brésilienne.

LE PRÉSIDENT. — Vous avez entendu la motion de M. Conill. Quel est votre avis?

(La motion est adoptée à l'unanimité.)

M. BALS (Roumanie). — Il y a un point sur l'ordre du jour de la première Commission qui n'a pas été élucidé, c'est celui de la date et du lieu de la réunion de la prochaine conférence des Croix-Rouges de l'Europe orientale et centrale. La dernière de ces réunions avait eu lieu à Vienne et l'on avait émis le vœu que la réunion suivante ait lieu à Prague. La première Commission est d'avis que le Conseil des Gouverneurs donne mandat au secrétariat de la Ligue pour qu'il se mette en rapport avec la Croix-Rouge tchécoslovaque afin de décider si elle maintient son invitation et, dans l'affirmative, quelle serait la date qui lui conviendrait le mieux.

LE PRÉSIDENT. — Etes-vous prêts à voter l'adoption de la motion de M. Bals?

(Adoptée à l'unanimité.)

LE PRÉSIDENT. — Nous pouvons passer à la discussion des résolutions présentées par la deuxième Commission.

M. DANEFF (Bulgarie). — Je demande la parole pour m'expliquer sur quelques points de nos résolutions. Vous vous souvenez que je vous ai parlé hier des résolutions votées et acceptées par la deuxième Commission. Après la suspension de la séance, hier soir, nous nous sommes réunis de nouveau pour donner une autre rédaction à une de nos résolutions et abréger les vœux que nous avions formulés concernant la Croix-Rouge de la Jeunesse. La nouvelle rédaction ne comporte plus que huit résolutions au lieu de quatorze. (1) Les voici :

I.

Le Conseil des Gouverneurs approuve les principes sur lesquels le secrétariat de la Ligue des sociétés de la Croix-Rouge a basé son activité, et l'engage à poursuivre activement sa triple mission de documentation des sociétés nationales, de développement du programme de paix et de rapprochement sans cesse plus étroit entre tous les éléments de la Croix-Rouge internationale.

Il désire voir étendre le plus largement possible les missions du personnel de la Ligue auprès des sociétés nationales, aussi bien que les visites et les stages, au secrétariat, des représentants de ces sociétés. Il recommande aux sociétés

(1) Voir page 71 le texte définitif des résolutions.

nationales d'organiser des relations personnelles entre leurs collaborateurs
spécialistes et les sections correspondantes du secrétariat de la Ligue, ou au
moins de charger un membre de leur personnel d'assurer ce contact d'une façon
permanente.

Le Conseil des Gouverneurs invite le secrétariat de la Ligue, et en particulier le bureau des affaires générales et le bureau panaméricain, à se mettre en
rapport avec les sociétés nationales intéressées aux fins d'élaborer des plans
d'action adaptés spécialement aux conditions particulières dans chaque partie
du monde.

Le Conseil approuve les relations établies par le secrétariat et par les conseillers de la Ligue avec divers organismes internationaux publics et privés,
et leur recommande de poursuivre activement cette collaboration, dans la
limite où elle sert l'objectif essentiel et les principes cardinaux de la Croix-
Rouge.

II.

Le Conseil des Gouverneurs exprime sa satisfaction du travail accompli
par la section des secours du secrétariat en ce qui concerne l'aide apportée à
l'occasion de différentes calamités, comme en ce qui concerne la centralisation
des informations, de la propagande et des statistiques, qui a contribué au développement de l'action de secours des sociétés nationales de la Croix-Rouge.

Il recommande au secrétariat de développer cette activité, sans perdre de
vue les obligations qui incombent aux Croix-Rouges nationales par suite de la
formation de l'Union internationale de Secours et en se préparant à assumer les
responsabilités qui lui incombent de ce chef.

Le Conseil a pris connaissance avec intérêt de l'action de secours accomplie
en faveur des émigrants et des réfugiés, en collaboration avec la Société des
Nations et le Bureau international du Travail.

III.

Le Conseil des Gouverneurs approuve l'action de la section d'hygiène du
secrétariat et notamment sa coopération, si utile aux sociétés nationales, avec
les organismes internationaux publics et privés, son intervention en faveur
du bien-être du marin, ses efforts tendant à la coordination de la lutte contre la
cécité, les enquêtes entreprises sur la tuberculose, enfin sa collaboration étroite
avec les sociétés nationales pour la réalisation de leur œuvre d'hygiène.

IV

Le Conseil des Gouverneurs approuve les recommandations formulées
par la réunion des délégués des infirmières des sociétés de la Croix-Rouge en
juillet 1928, au sujet de la nomination d'un Comité consultatif, du développement des cours internationaux de Londres, et de l'aide que les sociétés de la
Croix-Rouge sont invitées à apporter, par tous les moyens possibles, à la formation des infirmières.

V

Le Conseil des Gouverneurs approuve pleinement le rapport qui lui a été
présenté sur l'activité de la section de la Croix-Rouge de la Jeunesse du secrétariat de la Ligue et incite cette section à poursuivre son travail selon les lignes
qu'elle s'est tracées au cours de cette dernière année, qui ont déjà abouti à
des résultats heureux et sont de nature à permettre le développement continu
de la Croix-Rouge de la Jeunesse dans le monde.

Le Conseil des Gouverneurs approuve notamment l'organisation, de façon
régulière, de conférences ou semaines d'études et la convocation en 1919
d'une conférence de la Croix-Rouge de la Jeunesse, plus spécialement destinée

à l'étude de la correspondance interscolaire ; les stages d'études et les visites aussi fréquentes que possible aux sections nationales ; la création de groupements universitaires de la Croix-Rouge de la Jeunesse travaillant selon un programme adéquat, au sein même des sociétés nationales ; la série des publications envisagées par la section de la Croix-Rouge de la Jeunesse de la Ligue, particulièrement le manuel d'activités.

Enfin, le Conseil des Gouverneurs tient à exprimer sa reconnaissance à la Croix-Rouge américaine et au *Laura Spelman Rockefeller Memorial Fund* pour leur appui financier, qui aide puissamment au développement de la Croix-Rouge de la Jeunesse dans le monde.

VI

Le Conseil des Gouverneurs

1. Reconnaît que la question de la propagande et du recrutement des membres est d'une importance capitale pour les sociétés nationales tant dans l'intérêt de ce recrutement même que pour gagner l'opinion et rendre les pouvoirs publics favorables à la cause de la Croix-Rouge ;

2. Recommande aux sociétés nationales de la Croix-Rouge d'accorder une attention particulière, lors de l'établissement de leurs projets d'activités futures, à l'organisation de campagnes de propagande et de recrutement de membres ;

3. Charge le secrétariat de la Ligue de faciliter dans la plus large mesure l'organisation, par les sociétés nationales, de campagnes de propagande et de recrutement, notamment :

a) En mettant à profit et en favorisant toutes occasions de réunir des conférences officieuses permettant des échanges de vues sur les méthodes employées dans les différents pays par les Croix-Rouges nationales ;

b) En coopérant, sur la demande des sociétés nationales, à l'organisation ou à l'intensification de leurs campagnes de propagande ou de recrutement de membres, par l'envoi d'un membre du secrétariat ;

c) En intensifiant l'échange d'informations relatives à l'organisation des campagnes de propagande, ainsi que l'échange de spécimens du matériel de propagande créé à l'occasion de ces campagnes par les sociétés nationales ;

d) En étudiant la possibilité de constituer au secrétariat de la Ligue une centrale d'achat pour le matériel nécessaire à l'organisation des campagnes de propagande et de recrutement.

VII

Le Conseil des Gouverneurs, considérant les grands services rendus aux sociétés nationales et à la cause de la Croix-Rouge en général par la revue mensuelle, par le bulletin et par les autres publications de la Ligue,

Considérant qu'il pourrait être avantageux de coordonner ces publications avec celles du Comité international de la Croix-Rouge,

Invite le Comité exécutif à examiner le problème des publications afin qu'une solution puisse être envisagée qui, tenant compte des disponibilités budgétaires, répondrait aux nécessités nouvelles.

VIII

Le Conseil des Gouverneurs exprime au secrétariat de la Ligue ses félicitations pour le travail qu'il accomplit avec tant de zèle et de compétence.

Dans la rédaction de la résolution concernant la Croix-Rouge de la Jeunesse, il n'y a rien de nouveau ; c'est simplement une forme plus succincte des vœux que nous avions d'abord pensé proposer. Par contre, en ce qui concerne la VIIe résolution qui a trait aux publications de la

Ligue, il ne s'agit pas d'une simple question de rédaction mais d'un
changement dans le sens même de nos vœux. Je vais me permettre
de vous relire ce projet de résolution, en ajoutant que les membres de
la deuxième commission prendront la parole pour expliquer leur manière de voir, de façon à donner, en dehors de la résolution votée,
quelques indications au Conseil.

Le Conseil des Gouverneurs, considérant les grands services rendus aux
sociétés nationales et à la cause de la Croix-Rouge en général par la revue
mensuelle, par le bulletin et par les autres publications de la Ligue,
Considérant qu'il pourrait être avantageux de coordonner ces publications
avec celles du Comité international de la Croix-Rouge,
Invite le Comité exécutif à examiner le problème des publications afin
qu'une solution puisse être envisagée qui, tenant compte des disponibilités
budgétaires, répondrait aux nécessités nouvelles.

LE PRÉSIDENT. — Vous avez entendu le rapport ; quel est
votre avis?

M. CONILL (Cuba). — Nous venons tous d'entendre le rapport de
la deuxième Commission ; je suggère une petite modification dans la
rédaction de la résolution où il est dit :

Le Conseil des Gouverneurs approuve pleinement le rapport qui lui a été
présenté sur l'activité de la section de la Croix-Rouge de la Jeunesse et du
secrétariat de la Ligue et *incite cette section* à poursuivre son travail, etc...

J'estime que le mot « incite » n'est pas très heureux. On ne peut
pas inciter une section, mais l'on devrait dire : « et incite le secrétariat à poursuivre son travail ». C'est au secrétariat qu'il appartiendra
d'inciter la section.

Il y a encore d'autres modifications. On pourrait dire, par exemple :
« Le Conseil des Gouverneurs approuve pleinement et incite le secrétariat... » et supprimer la suite. Je propose donc de modifier ainsi
le paragraphe.

LE PRÉSIDENT. — Quel est votre avis?

M. DANEFF (Bulgarie). — En somme, il ne s'agit pas d'un changement de nos propositions ; je ne m'opposerai pas à la proposition
de M. Conill et j'accepte sa rédaction.

M. CONILL (Cuba) : C'est en effet une simple question de rédaction.

LE PRÉSIDENT. — Y a-t-il d'autres observations à faire sur le
rapport de la seconde Commission?

M. le Sénateur CIRAOLO (Italie). — La proposition mentionnée
au numéro VII du rapport de la Commission me suggère des vœux au
sujet des publications de la Ligue. J'ai pu constater que *Vers la Santé*

a souvent accompli une propagande utile même parmi des lecteurs ne
vivant pas la vie de la Croix-Rouge. Aux sociétés de Croix-Rouge elle
porte chaque mois un souffle plus large en les informant des affaires
générales et des tâches les plus élevées et les plus universelles de la
Croix-Rouge. Elle mérite donc de continuer à paraître, et je souhaite
vivement qu'il en soit ainsi. Evidemment sa compilation technique
pourrait être améliorée ; ses articles devraient être plus courts et
n'avoir jamais plus de deux pages. Ils pourraient être variés par des
enquêtes, des actualités, des curiosités historiques en matière d'assurance, des diagrammes artistiquement rédigés. Les sociétés nationales
pourraient même être invitées à y collaborer en fournissant à la rédaction des matériaux d'expérience et de *folklore*. On pourrait envisager
aussi la fusion de *Vers la Santé* et du *Bulletin d'Information*. Celui-ci
est excellent, mais sa diffusion est limitée aux sociétés de Croix-Rouge.
Sauf des changements dans la forme, ses matériaux seraient à leur
place, dans une seconde partie de *Vers la Santé*. En somme, selon
moi, la revue unifiée de la Ligue devrait réussir, mais perfectionnée
et vivante, d'un intérêt toujours nouveau et tellement variée que les
sociétés nationales et les experts puissent y trouver la satisfaction de
leurs curiosités. Ainsi tous pourraient y acquérir de la sympathie pour
la Croix-Rouge et le désir de participer à ses œuvres et à ses bienfaits.
Je prie les rédacteurs de la revue de s'inspirer de l'exemple de la
revue de la Croix-Rouge américaine, la meilleure et la plus complète
des publications des sociétés de Croix-Rouge, et que j'espère voir un
jour publiée en langue française. De plus, toujours au sujet du rapport
de la deuxième Commission — rapport que j'approuve et dont je
félicite son éminent auteur, — je prie la Commission de me permettre
d'ajouter à ses résolutions spéciales une motion générale d'approbation
du rapport soumis par le secrétariat de la Ligue au Conseil des Gouverneurs. C'est un rapport extrêmement intéressant et persuasif,
qui témoigne du travail et de l'amour que le secrétariat dédie à la
Ligue des Sociétés de la Croix-Rouge. Je tiens à le remercier au nom
de nos sociétés et à exprimer à haute voix ma pensée sur le mérite de
ses fonctionnaires. Il est juste de les encourager de notre sympathie.
En vouant leur vie à des problèmes sévères et généreux, ils encou-
ragent par une infatigable amabilité les membres des sociétés nationales à recourir à leur collaboration en toutes occasions et ils accom-
plissent l'œuvre ardue de mettre sur pied, chaque jour un peu plus,
cette création nouvelle qu'est encore la Ligue, qui a pu commettre
des erreurs, mais qui a vécu utilement pour la Croix-Rouge et digne-
ment pour elle-même. C'est pourquoi je crois que nous avons con-
tracté une dette de gratitude et d'admiration envers les fonctionnaires

du secrétariat. Pour résumer leur personnalité collective dans une seule personne, ma pensée se porte en cet instant vers un homme sérieux et pensif, profondément recueilli et pénétré de son devoir, tellement avare de paroles, mais si généreux de son talent et de son travail ; je pense à M. Kittredge. J'y pense, en lui adressant des sentiments de respect et de sympathie personnels, mais en saisissant l'occasion pour lui dire merci au nom des sociétés nationales, et pour le prier de vouloir bien transmettre ce remerciement à tous ses vaillants collègues, même aux plus modestes *(applaudissements)*. Vos applaudissements démontrent que j'ai vraiment interprété votre jugement et exprimé une pensée commune à tous.

Et j'arrive à la lecture de la motion. La voici :

Le Conseil des Gouverneurs ayant examiné le rapport du secrétariat de la Ligue relatif à son organisation et à ses activités futures approuve les recommandations et les conclusions contenues dans ce rapport et exprime au secrétariat de la Ligue ses félicitations pour le travail qu'il accomplit avec tant de zèle et de compétence.

LE PRÉSIDENT. — Votre motion a bien pour but de couvrir tout le rapport du secrétariat?

M. le Sénateur CIRAOLO. — Ma motion tend à approuver le rapport et l'action des membres du secrétariat.

LE PRÉSIDENT. — Que dit le président de la Commission de l'amendement proposé par M. Ciraolo?

M. DANEFF (Bulgarie). — Pour ce qui concerne cet amendement, je crois qu'il est indiqué dans notre point VIII :

Le Conseil des Gouverneurs exprime au secrétariat de la Ligue ses félicitations pour le travail qu'il accomplit avec tant de zèle et de compétence.

Je n'ai rien contre l'amendement du Sénateur Ciraolo que nous pouvons substituer à la résolution VIII.

Pour ce qui concerne le point VII, c'est plus grave. Il est vrai que la rédaction du point VII est vague. Nous nous sommes arrêtés intentionnellement à cette rédaction car nous n'avons pas voulu lier les mains du secrétariat et l'avons laissé libre de choisir ce qu'il pouvait trouver de plus approprié ; nous avons eu en vue les moyens budgétaires dont nous disposons. Mais si le Conseil des Gouverneurs estime que nous devons traiter d'une manière définitive la marche à suivre, je n'ai rien à dire ; je tiens seulement à expliquer pourquoi nous nous sommes arrêtés à cette rédaction.

Dr. COLQUHOUN (Nouvelle-Zélande). — Puis-je ajouter un mot à ce sujet? Mon impression est que quelques-uns au moins des membres de la Commission ont exprimé la plus haute appréciation de *Vers la Santé*.

En outre, nous avons conclu que nous devrions accepter nous-mêmes la responsabilité qui nous est dévolue et soumettre certaines propositions au Comité Exécutif. Quelques-uns parmi nous — je crois que M. Kittredge fut aussi de leur nombre — ont recommandé que des renseignements précis devraient être pris quant à l'avenir de *Vers la Santé*. M. Kittredge a envisagé, et je suis d'accord, la possibilité d'atteindre ce but en adressant un questionnaire aux sociétés nationales en vue d'obtenir leurs appréciations concernant la valeur de cette revue ; puis, si ce questionnaire révèle un intérêt mondial favorable à la constitution de la revue, la Ligue demanderait aux sociétés si elles seraient disposées à fournir un appui financier et à combien d'exemplaires elles seraient disposées à s'abonner.

LE PRÉSIDENT. — Si je ne me trompe, cet aspect de la question est traité dans le rapport, sinon en détail, du moins en principe.

M. CONILL (Cuba). — M. le président, encore une fois je suis heureux de me trouver en parfait accord avec notre éminent collègue le Sénateur Ciraolo. J'adopte les paroles qu'il vient de prononcer. Il parle de *Vers la Santé*, je veux dire de *Por la Salud*, que cette publication a été pour nous un moyen admirable qui nous a permis d'être en contact avec la Ligue et qu'il ne faudrait pas supprimer cet organe. C'est ce que je voulais dire.

LE PRÉSIDENT. — Si personne n'a plus d'observations à faire, je propose l'adoption des résolutions avec l'amendement de M. Ciraolo.

(Les résolutions sont adoptées à l'unanimité).

LE PRÉSIDENT. — Rapport de la troisième Commission.

SIR EDWARD STEWART (Grande-Bretagne). — Le rapport financier et relevé de comptes vous ont déjà été communiqués et je n'ai donc qu'à ajouter quelques paroles explicatives. D'abord je vous ferai remarquer que le rapport de la deuxième Commission concernant les activités futures de la Ligue se trouve, cela va de soi, étroitement lié à la situation financière. Les activités de la Ligue dépendent presque uniquement de l'appui financier fourni par les sociétés nationales. Si la Ligue ne recevait pas cet appui financier, il est évident que son utilité deviendrait nulle.

Je me permets d'attirer votre attention sur le paragraphe du rapport rédigé par le Comité des Finances et par le secrétaire général. A sa réunion du 22 octobre, la troisième Commission a décidé de soumettre trois rapports :

1º Examen du budget de 1927 et du premier semestre de 1928 (rapporteur : M. van Slooten Azn) ;

2º Examen des baux du 2, avenue Velasquez, Paris, et du 15, Manchester Square, Londres, et de leur renouvellement (rapporteur : S. E. le Marquis de Casa Valdès) ;

3º Examen du projet de budget pour l'année 1929 (rapporteur : M. de Glacz).

Je prierai ces trois messieurs de vous présenter, maintenant, un bref aperçu de leurs travaux, après quoi nous procéderons au vote de la résolution.

M. van SLOOTEN AZN (Pays-Bas). — J'ai examiné les rapports des experts comptables de la Ligue, Price Watherhouse & Cie, sur les finances pour la période 1926-1928 et j'y trouve des détails très intéressants. Je suis à votre disposition pour vous donner des renseignements plus précis si quelqu'un le trouve nécessaire. Les généralités notées sont les suivantes :

Le budget détaillé pour 1927, ainsi que celui des six premiers mois de 1928, vous a été soumis dans les rapports du Comité Exécutif et du secrétaire général. (1)

1º Les comptes pour l'année 1927, qui ont été vérifiés par la maison Price, Waterhouse et Cie., vous indiquent que le total général disponible, qui était de 72.875 dollars au 31 décembre 1926, se montait à 73.989 dollars au 31 décembre 1927.

2º En ce qui concerne le rapport provisoire pour le premier semestre de 1928, nous enregistrons que, si les dépenses dépassent de 3.800 dollars la moitié des évaluations budgétaires, il nous est signalé que certaines dépenses seront, pendant le deuxième semestre, proportionnellement moins lourdes et que, de cette manière, l'année 1928 se terminera par un léger solde créditeur.

Nous vous recommandons donc, en adressant nos félicitations au secrétariat, d'approuver la manière dont il a su gérer les fonds mis à sa disposition.

Marquis de CASA VALDÈS (Espagne). — Je suis chargé de vous exposer de quelle manière les baux ont été renouvelés, tant en ce qui concerne le siège du secrétariat que celui de l'immeuble occupé par les infirmières à Londres. J'ai l'honneur, après avoir examiné les pièces qui m'ont été soumises, de vous exposer cequi suit :

1º 2, *Avenue Velasquez.*

Le bail de cet immeuble expirant le 31 décembre 1928, la Com-

____

(1) Voir à la fin du volume, avant l'annexe, le texte de ces rapports.

mission des finances du 30 septembre 1927 avait recommandé, soit l'achat, soit la construction d'un immeuble à Paris, recommandations approuvées par le Comité Exécutif. Beaucoup d'immeubles ont été visités sans résultat et aucune solution n'avait paru satisfaisante : a) l'achat d'un immeuble déjà construit représentant une dépense de 3 à 5 millions et entraînant vraisemblablement des travaux dont le montant ne saurait être évalué ; b) la construction étant une entreprise incertaine étant donné les fluctuations des prix.

Aussi avait-il paru plus sage d'étudier la possibilité de renouveler le bail du secrétariat. Celui-ci a été renouvelé pour une période de 3, 6, 9 résiliable au gré des parties, au prix d'un loyer de 150.000 francs — contributions à notre charge — 100.000 francs à payer à titre de loyer et d'avance, le 1er janvier 1929.

Le nouveau bail nous donne la jouissance de la totalité de l'immeuble, y compris un pavillon annexe qui était, jusqu'alors, sous-loué par le propriétaire à un autre locataire, ce qui nous permettra de nous loger plus commodément. En ce qui concerne les contributions, elles ne seront pas importantes, puisque nous sommes dégrevés de tous les impôts directs.

Étant donné ces considérations, nous vous proposons d'homologuer les accords pris par le secrétariat général avec le propriétaire de l'immeuble. Nous nous permettrons cependant de suggérer que la Ligue puisse à l'avenir devenir propriétaire de son siège central quand les circonstances le permettront.

2° 15, *Manchester Square.*

Quant au renouvellement du bail de la maison occupée par les infirmières suivant les cours de Bedford College à Londres, nous vous rappelons que :

a) au moment de la fondation de ce foyer destiné aux infirmières, un appel spécial a été adressé aux sociétés nationales pour leur demander de contribuer aux frais entraînés par la création de ce centre ;

b) le droit au bail de l'immeuble, pour une période de six ans et neuf mois avait été acheté pour la somme de 2.500 livres sterling.

Ce bail venant à expiration en 1931, le Comité exécutif a autorisé le secrétariat à engager des pourparlers en vue du renouvellement du bail et a demandé aux sociétés nationales dans quelle mesure elles désireraient y participer. La Croix-Rouge britannique a généreusement avancé la somme de 2.900 livres sterling pour aider à l'achat du *lease hold* ; la Croix-Rouge américaine a, de son côté, fait parvenir une somme de 10.000 dollars pour le même but, et les Croix-Rouges lettone, polonaise, hongroise, japonaise, siamoise, ont envoyé ou promis des dons.

Le droit au bail a donc été acheté pour une période de 24 ans à dater de 1931 contre paiement de 5.800 livres sterling et un loyer annuel de 200 livres sterling.

Vu la nécessité de donner aux infirmières une maison qui, loin d'être luxueuse, leur donne cependant un certain confort, nous avons l'honneur de vous demander de ratifier les accords pris par le secrétariat général en ce qui concerne l'achat du *lease hold* 15, Manchester Square.

M. de GLACZ (Hongrie). — J'ai l'honneur de vous donner lecture du rapport que M. Sakénobé et moi avons rédigé :

MM. Sakénobé et de Glacz, après avoir examiné le rapport financier établi par le secrétariat et soumis aux membres du Conseil des Gouverneurs, se permettent de recommander l'adoption du budget proposé pour l'année 1929, se montant à 298.000 dollars.

Les estimations des recettes prévues en 1929, au chapitre des sociétés nationales autres que la Croix-Rouge américaine, se montent à 30.000 dollars. Dans le budget 1928, où 25.000 dollars étaient inscrits à ce chapitre, il ne semble pas que cette somme ait été entièrement versée. Nous avons l'honneur d'attirer l'attention des sociétés nationales sur ce point pour qu'elles examinent, dans la mesure du possible, de quelle manière elles pourraient augmenter leurs contributions. Il ne saurait être question de réduire le budget de la Ligue, étant donné les activités toujours croissantes des œuvres de paix de la Croix-Rouge.

SIR EDWARD STEWART (Grande-Bretagne). — Au nom de la troisième Commission, je vous propose l'adoption du rapport financier et du relevé de comptes du secrétariat de la Ligue dans la forme suivante :

« Le Conseil des Gouverneurs, après avoir pris connaissance :

1. Du budget de 1927 ainsi que du rapport provisoire pour le premier semestre de 1928 ;
2. Des conditions dans lesquelles les baux ont été renouvelés tant en ce qui concerne l'avenue Vélasquez que Manchester Square ;
3. Du projet de budget pour 1929 ;

FÉLICITE

Le secrétariat pour la manière dont il a géré les fonds mis à sa disposition ;

APPROUVE

Le renouvellement des baux du 2, avenue Vélasquez et du 15 Manchester Square ;

APPROUVE

Le budget général pour 1929 ;

AUTORISE

Le Comité exécutif, au cours de l'année 1929, à établir le budget pour 1930, étant entendu que la somme prévue pour le budget général de 1930 ne dépassera pas la somme prévue pour le budget de 1929.

LE PRÉSIDENT. — Y a-t-il des observations?

(Le rapport est adopté à l'unanimité).

LE PRÉSIDENT. — Rapport de la première Commission sur la nomination du bureau et des comités.

Professeur NOLF (Belgique). — Nous avons à nommer un président, des vice-présidents et les membres du Comité exécutif, plus les membres d'une commission des finances. A tout seigneur tout honneur, nous commencerons par l'élection du président. Avant de vous proposer un nom, je tiens à m'acquitter d'une dette de reconnaissance et de gratitude envers le président en fonctions, le Juge Payne. Tous ceux qui ont suivi le travail de la Ligue savent avec quelle activité et quelle intelligence pleine de logique il dirige ses travaux à une très grande distance. Nous l'avons vu venir deux fois : il y a un an, traversant tout le continent asiatique, visitant l'Extrême-Orient, l'Europe orientale, s'arrêtant partout, poursuivant son enquête dans tous les milieux, toujours avec le même enthousiasme, pour le bien de la Croix-Rouge, avec le même désir de s'instruire en vue de perfectionner sans cesse l'action de la Ligue. Cette année encore, il n'a pas hésité, malgré son âge — je propose de supprimer ces mots dans la traduction *(rires)* — à venir ici se mettre en contact direct avec les dirigeants du Comité de Genève afin d'assurer, par son action personnelle, la réussite des pourparlers qui ont duré si longtemps, qui ont été à certains moments si délicats et que nous avons eu la joie de voir aboutir à un accord parfait. Je suis convaincu, et on l'a déjà dit, que si ce résultat a été atteint, c'est en grande partie grâce à la largeur de vue, à l'esprit de générosité qui ont animé notre président à tous les moments de cette Conférence préliminaire. Il a donc bien mérité de la Ligue et aussi de la Croix-Rouge internationale tout entière. Nous lui en sommes donc très profondément reconnaissants, et nous ne lui demandons qu'une seule chose, c'est de continuer à nous apporter le concours de sa grande intelligence, de sa haute autorité, de sa profonde connaissance du monde et des choses et qu'il veuille bien augmenter notre dette de gratitude en continuant à assumer ces fonctions.

Je suis sûr que, sous sa direction, la Ligue continuera à répandre ses bienfaits dans le monde de la Croix-Rouge et dans le monde entier et qu'elle connaîtra toujours de plus grands et plus nombreux succès.

M. CONILL (Cuba). — Je propose que le président soit nommé par acclamations.

(La nomination est adoptée par acclamations.)

LE PRÉSIDENT. — Je vous remercie de tout cœur. Je ne vous dirai que ceci : J'aime ce travail et je suis extrêmement heureux de vous servir. Les paroles du Professeur Nolf m'ont profondément touché et je ne puis que dire que je continuerai de faire de mon mieux. *(Applaudissements)*.

Professeur NOLF (Belgique). — Nous aurons désormais quatre vice-présidents ; jusqu'ici il y en avait trois. D'aprèsl es changements apportés aux statuts il y en aura maintenant quatre. Le premier, celui qui est nommé *ex-officio* étant le président de la Croix-Rouge nationale du pays où la Ligue a son siège ; ce vice-président est actuellement le Général Pau *(applaudissements)*. Il prendra donc rang parmi nous *ex-officio* comme premier vice-président. Nous vous proposons pour les trois autres places, le Colonel Draudt, M. Conill et M. Sakenobé. *(Applaudissements)*.

Parmi les membres du Comité exécutif il y a à faire des distinctions : il y a des membres dont le mandat se termine en 1929. Pour ceux-là, ils sont au nombre de deux, il y a lieu de prolonger leur mandat jusqu'en 1930, de façon que la fin du dit mandat coïncide avec la prochaine réunion du Conseil des Gouverneurs. Ce sont : Sir Arthur Stanley et le Sénateur Ciraolo.

Au nom de la première Commission unanime, je propose donc que le mandat de ces messieurs soit prolongé jusqu'en 1930. Ensuite, il y a à pourvoir au remplacement et à l'achèvement du mandat de S. E. M. Thiébaut qui croit de son devoir de résilier sa charge, étant donné qu'il représentait la France au Comité exécutif de la Ligue. Or, comme la France sera dorénavant représentée par un des vice-présidents, le Général Pau, M. Thiébaut nous a mis en présence de sa démission et nous avons proposé, à la suite de cette décision de sa part que nous regrettons beaucoup, de proposer le nom de M. van Slooten Azn, qui achèvera donc le mandat de M. Thiébaut et sera membre du Comité exécutif jusqu'en 1930. Cette proposition comme celle qui précède, est faite par l'unanimité de la première Commission.

Il nous reste à élire trois nouveaux membres du Comité exécutif, ceux-là pour un mandat de quatre années. Ce serait M. Daneff représentant la Bulgarie, le Général Garino, président de la Croix-Rouge argentine, le Comte Potocki, président de la Croix-Rouge polonaise.

Voici notre Comité exécutif au complet ; il reste à choisir trois membres de la commission des finances. Jusqu'ici cette commission se composait de cinq membres ; ils n'étaient pas, pour la plupart, membres du Comité exécutif. Il a semblé que ce mode d'élection présentait le grand inconvénient que ces membres n'étaient souvent pas très au courant des activités du Comité exécutif, et que, de ce fait, les services qu'ils pouvaient rendre à la commission des finances se trouvaient diminués. On vous propose donc d'élire dorénavant les membres de la commission des finances, qui est consultative, au sein du Comité exécutif, ce qui vous amène nécessairement à réduire leur nombre. Si vous prenez cinq membres du Comité exécutif pour composer la commission des finances, c'est un peu comme si tout le Comité exécutif faisait partie de la commission des finances. On réduit donc à trois : MM. Sakénobé, van Slooten Azn et le Général Garino, que vous venez d'élire membres du Comité exécutif et qui s'occuperaient plus particulièrement des finances.

Je vous soumets donc cette proposition.

M. le Sénateur CIRAOLO (Italie). — Je dois remercier infiniment les membres de la Commission et son éminent rapporteur, le Professeur Nolf, d'avoir proposé mon nom comme membre du Comité exécutif et j'accepte ce grand honneur pour la Croix-Rouge italienne. Je prie cependant très respectueusement le Conseil des Gouverneurs de vouloir bien remplacer mon nom par celui de M. le Sénateur Cremonesi qui, depuis le 1er octobre, est le très digne président effectif de la Croix-Rouge italienne, à laquelle il dédie d'ores et déjà une profonde compétence, un grand talent et un grand désir de l'élever de plus en plus à la hauteur des tâches qu'elle aura à accomplir dans la vie nationale et internationale. Je trouve qu'il est très utile, pour resserrer les liens qui doivent unir la Croix-Rouge italienne aux organes internationaux de la Croix-Rouge, que le président en charge prenne part aux travaux du Conseil des Gouverneurs, qu'il les suive et qu'il se trouve en contact avec ses éminents confrères internationaux en participant à leur effort pour résoudre les problèmes communs. C'est dans cet esprit que, tout en considérant la proposition qui m'est faite comme un des plus grands honneurs, j'estime de mon devoir de vous demander de substituer à mon nom celui du Sénateur Cremonesi.

Professeur NOLF (Belgique). — Je crois qu'il y a des raisons de règlements qui s'opposent à ce que nous accueillions favorablement la demande présentée par le Sénateur Ciraolo. Il y a aussi la question de personnalité. Je ne puis pas m'appesantir sur cette question car cela ferait trop rougir le Sénateur Ciraolo. C'est évidemment en raison de la haute autorité dont il jouit parmi nous, des événements qui ont eu lieu au cours de cette Conférence et dont un peu d'éclat rejaillit sur nous, que nous pouvons difficilement renoncer à sa collaboration. Il a bien voulu nous l'accorder, pourquoi nous la retirerait-il. Il est le représentant de la Croix-Rouge italienne au Conseil des Gouverneurs, je crois que lorsqu'on est le représentant d'une Croix-Rouge nationale au Conseil des Gouverneurs, si ce Conseil décide que l'un de ses membres doive faire partie du Comité exécutif, c'est lui et non pas un autre délégué de la Croix-Rouge qui peut prendre cette place. Nous prions donc le Sénateur Ciraolo de bien vouloir revenir sur sa généreuse décision et de nous laisser le plaisir de sa collaboration.

M. le Sénateur CIRAOLO (Italie). — Je suis vivement touché par les paroles de M. Nolf et par la façon avec laquelle vous lui avez tous manifesté votre contentement. Je désire vous renouveler l'expression de ma reconnaissance, car, en vous ralliant aux paroles du rapporteur de la première Commission, vous avez adopté des vœux qui m'honorent. Je tiens à rappeler en cette occasion que je suis un des plus anciens collaborateurs de ce Conseil et que j'aime la Ligue comme un ouvrier aime un outil puissant de son art. Je me considère en quelque sorte — pour l'avenir de l'Union Internationale de Secours — comme intéressé très étroitement à sa fortune, à sa réussite, à l'accomplissement du devoir qui lui incombe. Vous voyez donc que je ne puis me soustraire à l'invitation de collaborer de nouveau à sa tâche. Mais je suis très respectueux de la question des pouvoirs, et je suis un ami et un admirateur de mon collègue, le Sénateur Cremonesi, mon très digne successeur à la présidence de la Croix-Rouge italienne. C'est pourquoi je me ferai un devoir de lui faire part de vos aimables propositions ; et je suis convaincu que nous nous trouverons, lui et moi, en pleine harmonie sur la meilleure façon d'assurer sa participation aux travaux du Conseil des Gouverneurs et du Comité exécutif et, en même temps, la mienne s'il le désire, dans les occasions où ma modeste expérience des problèmes internationaux de la Croix-Rouge pourra lui paraître utile. En attendant j'accepte votre nomination au nom de la Croix-Rouge italienne.

M. CONILL (Cuba). — Je remercie le Conseil des Gouverneurs de
la confiance qu'il me fait en renouvelant mon mandat ; j'espère être,
à l'avenir, digne de cette confiance.

M. de GIELGUD. — Je remercie de la part de M. Sakénobé
qui m'avait chargé de le remplacer.

Comte POTOCKI (Pologne). — J'ai été profondément ému
en entendant mon nom parmi ceux des membres élus pour le
Comité exécutif de la Ligue des Sociétés de la Croix-Rouge. J'y vois
une preuve de sympathie, non pour moi qui n'ai rien fait, mais pour
mon pays et j'en suis doublement reconnaissant. Je puis vous assurer
que je m'efforcerai de remplir le devoir qui m'incombe et je suis sûr
que sous la présidence tellement éclairée, tellement énergique du
Juge Payne, la Ligue des Sociétés de la Croix-Rouge a devant elle
un avenir brillant et qu'elle remplira longtemps encore son œuvre
d'humanité et de charité.

M. DANEFF (Bulgarie). — Je suis ému du grand honneur que
vous me faites, je l'accepte en promettant de faire tout mon possible
pour être utile, mais je dois déclarer que mes multiples occupations
ne me permettront pas toujours d'être très exact aux réunions du
Comité exécutif. Toutefois, dans la mesure de mes moyens, je me
tiendrai à la disposition de la Ligue des Sociétés de la Croix-Rouge.

. M. THIÉBAUT (France). — Le nouvel ordre de choses qui
vient d'être établi crée une quatrième vice-présidence et l'attribue
à la Croix-Rouge du pays où la Ligue a son siège central. C'est la
Croix-Rouge française qui bénéficie de cet honneur et je tiens,
Messieurs, à vous en remercier. Je dirai au Général Pau les acclamations qui ont accueilli son nom tout à l'heure lorsqu'il a été pro-
noncé, il vous en sera certainement très reconnaissant.

Je crois devoir traduire ici ses sentiments en vous remerciant de
l'honneur qui lui est fait.

M. VAN SLOOTEN AZN (Pays-Bas). — Je suis profondément
reconnaissant de l'honneur qui m'est fait en me nommant membre
du Comité exécutif de la Ligue.

M. N. VIOLA (Argentine). — Au nom de la Croix-Rouge argentine, je vous remercie infiniment du grand honneur qui nous
est fait.

Colonel DRAUDT (Allemagne). — Monsieur le président, Messieurs, je vous remercie.

LE PRÉSIDENT. — Je pense qu'il n'y a aucune objection au rapport et que nous pouvons l'adopter.

(Le rapport est adopté).

LE PRÉSIDENT. — J'ai eu l'honneur de vous dire, il y a quelques jours, que je serais très heureux de prier le Conseil des Gouverneurs d'inviter M. Max Huber à assister à nos réunions, et, à cet effet, j'ai rédigé la résolution suivante :

Le Conseil des Gouverneurs décide
Que l'Honorable Max Huber, président du Comité international de la Croix-Rouge soit cordialement invité à assister aux réunions du Conseil des Gouverneurs de la Ligue des Sociétés de la Croix-Rouge.

(Adoptée par acclamations).

M. Max HUBER. — M. le président, je suis profondément touché par ce que vous venez de me dire, et très sensible à l'honneur que vous me faites en m'invitant à assister à vos réunions. J'ai déjà eu beaucoup de plaisir à assister à la présente session, dont les discussions, présidées par le Juge Payne, avec tant d'autorité, de dignité et de charme, m'ont vivement intéressé. Je vous remercie. *(Applaudissements).*

LE PRÉSIDENT. — Désignation d'un délégué de la Ligue auprès du Comité International de la Croix-Rouge, conformément à l'article 9 des statuts qui viennent d'être adoptés par la Conférence internationale. Quel est votre avis?

M. VAN SLOOTEN AZN (Pays-Bas). — Je propose que le Colonel Draudt soit nommé délégué de la Ligue au Comité international.

M . CONILL (Cuba). — Je suis heureux de seconder la motion de M. van Slooten Azn.

LE PRÉSIDENT. — Y a-t-il d'autres propositions? Je prie tous ceux qui sont en faveur de la proposition de M. van Slooten Azn de dire « oui ».

(La proposition est adoptée à l'unanimité).
(Applaudissements).

LE PRÉSIDENT. — Date et lieu de la prochaine réunion du Conseil des Gouverneurs.
Si la Conférence internationale se réunit en 1930, nous sommes tenus, d'après les statuts, de nous réunir aussi en 1930 et, dans ce cas, la réunion devrait avoir lieu en même temps et au même endroit

que la Conférence. Il me semblerait donc plus prudent de laisser la décision au Comité exécutif, si vous êtes d'accord.

(Le Conseil exprime son assentiment).

L'ordre du jour étant épuisé, je propose, si personne n'a d'autres questions à soumettre, d'ajourner le Conseil jusqu'à la prochaine réunion bisannuelle.

La séance est levée à 17 h. 45.

RÉSOLUTIONS

RÉSOLUTIONS

I

Le Conseil des Gouverneurs exprime ses félicitations les plus vives et sa reconnaissance profonde à M. le Colonel Draudt pour les résultats qu'il a obtenus par son labeur admirable, son inlassable dévouement et l'esprit de conciliation qu'il a su montrer au cours des négociations avec M. Max Huber, président du Comité international.

Le Conseil des Gouverneurs rend hommage aux sentiments d'équité et à la hauteur de vues qu'a manifestés M. le président Huber ainsi qu'à son sens élevé de l'unité d'esprit qui doit régner dans la Croix-Rouge et qui a si efficacement contribué à atteindre le but désiré par les sociétés nationales.

Le Conseil des Gouverneurs, ayant pu constater la participation active et clairvoyante de son président le juge Payne aux négociations heureusement terminées, trouve dans l'approbation qu'il a exprimée au sujet de l'accord, la garantie permettant d'adopter en toute tranquillité d'esprit le projet de statuts de la Croix-Rouge internationale et lui exprime ses félicitations et sa gratitude.

II

Le Conseil des Gouverneurs, après avoir soigneusement examiné le projet de statuts de la Croix-Rouge internationale, déclare unanimement qu'il s'y ralliera si les sociétés nationales, réunies dans la XIIIe Conférence, adoptent une organisation qui lui soit conforme.

III

Le Conseil des Gouverneurs désigne son président, l'Honorable John Barton Payne, ses vice-présidents, le Colonel Draudt, M. Conill, et M. Sakenobe, représentant de la Croix-Rouge japonaise, pour représenter la Ligue à la XIIIe Conférence internationale de la Croix-Rouge.

IV

Le Conseil des Gouverneurs adopte les statuts de la Ligue des Sociétés de la Croix-Rouge, tels qu'ils ont été amendés au cours de la présente session.

V

Le Conseil des Gouverneurs ayant pris acte de la démission du trésorier général de la Ligue, décide de renvoyer la question au Comité exécutif avec pouvoir d'agir.

VI

Le Conseil des Gouverneurs décide que l'Honorable Max Huber, président du Comité international de la Croix-Rouge sera cordialement invité à assister aux réunions du Conseil des Gouverneurs de la Ligue des Sociétés de la Croix-Rouge.

VII

Conformément à l'article VI des statuts amendés, le Conseil des Gouverneurs désigne :

Comme *Président* : l'Honorable John Barton Payne (pour une période de quatre ans).

Vice-président d'office : Le Général Pau.

Vice-présidents { Le Colonel Draudt. / M. Conill. / M. Sakenobe. } Pour une période de 4 ans

Membres du Comité Exécutif { Sir Arthur Stanley. / Sénateur Ciraolo (Mandat prolongé jusqu'en 1930). / M. van Slooten Azn (en remplacement de M. Thiébaut, jusqu'en 1930). / M. Daneff. / Le Général Garino. / Comte Potocki. } Pour une période de 4 ans

La Commission des Finances sera formée par MM. Sakenobe, van Slooten Azn, Général Garino.

VIII

Le Conseil des Gouverneurs désigne comme délégué de la Ligue auprès du Comité international de la Croix-Rouge, conformément à l'article IX des statuts amendés, le Colonel Draudt, vice-président de la Ligue des Sociétés de la Croix-Rouge.

72

IX

Le Conseil des Gouverneurs ayant examiné le rapport du secrétariat de la Ligue relatif à son organisation et à ses activités futures, approuve les recommandations et les conclusions contenues dans ce rapport et exprime au secrétariat de la Ligue ses félicitations pour le travail qu'il accomplit avec tant de zèle et de compétence.

X

Le Conseil des Gouverneurs approuve les principes sur lesquels le secrétariat de la Ligue des sociétés de la Croix-Rouge a basé son activité et l'engage à poursuivre activement sa triple mission de documentation des sociétés nationales, de développement du programme de paix et de rapprochement sans cesse plus étroit entre tous les éléments de la Croix-Rouge internationale.

Il désire voir étendre le plus largement possible les missions du personnel de la Ligue auprès des sociétés nationales, aussi bien que les visites et les stages, au secrétariat, des représentants de ces sociétés. Il recommande aux sociétés nationales d'organiser des relations personnelles entre leurs collaborateurs spécialistes et les sections correspondantes du secrétariat de la Ligue, ou au moins de charger un membre de leur personnel d'assurer ce contact d'une façon permanente.

Le Conseil des Gouverneurs invite le secrétariat de la Ligue, et en particulier le bureau des affaires générales et le bureau panaméricain à se mettre en rapport avec les sociétés nationales intéressées aux fins d'élaborer des plans d'action adaptés spécialement aux conditions particulières dans chaque partie du monde.

Le Conseil approuve les relations établies par le secrétariat et par les conseillers de la Ligue avec divers organismes internationaux publics et privés et leur recommande de poursuivre activement cette collaboration, dans la limite où elle sert l'objectif essentiel et les principes cardinaux de la Croix-Rouge.

XI

Le Conseil des Gouverneurs exprime sa satisfaction du travail accompli par la section des secours du secrétariat en ce qui concerne l'aide apportée à l'occasion de différentes calamités, comme en ce qui concerne la centralisation des informations, de la propagande et des statistiques, qui a contribué au développement de l'action de secours des sociétés nationales de la Croix-Rouge.

Il recommande au secrétariat de développer cette activité,

sans perdre de vue les obligations qui incombent aux Croix-Rouges
nationales par suite de la formation de l'Union internationale de
Secours et en se préparant à assumer les responsabilités qui lui
incombent de ce chef.

Le Conseil a pris connaissance avec intérêt de l'action de secours
accomplie en faveur des émigrants et des réfugiés, en collaboration
avec la Société des Nations et le Bureau international du Travail.

<h2 style="text-align:center">XII</h2>

Le Conseil des Gouverneurs approuve l'action de la section
d'hygiène du secrétariat et notamment sa coopération, si utile aux
sociétés nationales, avec les organismes internationaux publics et
privés, son intervention en faveur du bien-être du marin, ses efforts
tendant à la coordination de la lutte contre la cécité, les enquêtes
entreprises sur la tuberculose, enfin sa collaboration étroite avec les
sociétés nationales pour la réalisation de leur œuvre d'hygiène.

<h2 style="text-align:center">XIII</h2>

Le Conseil des Gouverneurs approuve les recommandations
formulées par la réunion des déléguées des infirmières des sociétés
de la Croix-Rouge en juillet 1928, au sujet de la nomination d'un
Comité consultatif, du développement des cours internationaux de
Londres, et de l'aide que les sociétés de la Croix-Rouge sont invitées
à apporter par tous les moyens possibles, à la formation des infirmières.

<h2 style="text-align:center">XIV</h2>

Le Conseil des Gouverneurs approuve pleinement le rapport
qui lui a été présenté sur l'activité de la section de la Croix-Rouge de
la jeunesse du secrétariat de la Ligue et incite le secrétariat à poursuivre son travail en vue de permettre le développement continu
de la Croix-Rouge de la Jeunesse dans le monde.

Le Conseil des Gouverneurs approuve notamment l'organisation,
de façon régulière, de conférences ou semaines d'études et la convocation en 1929 d'une conférence de la Croix-Rouge de la Jeunesse,
plus spécialement destinée à l'étude de la correspondance interscolaire ; les stages d'études et les visites aussi fréquentes que possible
aux sections nationales ; la création de groupements universitaires
de la Croix-Rouge de la Jeunesse travaillant selon un programme
adéquat, au sein même des sociétés nationales ; la série des publications envisagées par la section de la Croix-Rouge de la Jeunesse de
la Ligue, particulièrement le manuel d'activités.

Enfin, le Conseil des Gouverneurs tient à exprimer sa reconnaissance à la Croix-Rouge américaine et au Laura Spelman Rockefeller Memorial Fund pour leur appui financier, qui aide puissamment au développement de la Croix-Rouge de la Jeunesse dans le monde.

XV

Le Conseil des Gouverneurs :

1. Reconnaît que la question de la propagande et du recrutement des membres est d'une importance capitale pour les sociétés nationales tant dans l'intérêt de ce recrutement même que pour gagner l'opinion et rendre les pouvoirs publics favorables à la cause de la Croix-Rouge ;

2. Recommande aux sociétés nationales de la Croix-Rouge d'accorder une attention particulière, lors de l'établissement de leurs projets d'activités futures, à l'organisation de campagnes de propagande et de recrutement de membres ;

3. Charge le secrétariat de la Ligue de faciliter dans la plus large mesure l'organisation par les sociétés nationales, de campagnes de propagande et de recrutement, notamment :

a) En mettant à profit et en favorisant toutes occasions de réunir des conférences officieuses permettant des échanges de vues sur les méthodes employées dans les différents pays par les Croix-Rouges nationales ;

b) En coopérant, sur la demande des sociétés nationales, à l'organisation ou à l'intensification de leurs campagnes de propagande ou de recrutement de membres, par l'envoi d'un membre du secrétariat ;

c) En intensifiant l'échange d'informations relatives à l'organisation des campagnes de propagande, ainsi que l'échange de spécimens du matériel de propagande créé à l'occasion de ces campagnes par les sociétés nationales ;

d) En étudiant la possibilité de constituer au secrétariat de la Ligue une centrale d'achat pour le matériel nécessaire à l'organisation des campagnes de propagande et de recrutement.

XVI

Le Conseil des Gouverneurs, considérant les grands services rendus aux sociétés nationales et à la cause de la Croix-Rouge en général, par la revue mensuelle, par le bulletin et par les autres publications de la Ligue, considérant qu'il pourrait être avantageux de coordonner ces publications avec celles du Comité international de la Croix-Rouge,

invite le Comité exécutif à examiner le problème des publications afin qu'une solution puisse être envisagée qui, tenant compte des disponibilités budgétaires, répondrait aux nécessités nouvelles.

XVII

Le Conseil des Gouverneurs, après avoir examiné la question concernant l'établissement d'un Conseil consultatif d'Experts, adopte les conclusions suivantes :

Pour donner aux travaux techniques de la Ligue toute leur valeur, il paraît indispensable d'assurer au secrétariat la possibilité de recourir, en cas de besoin, aux conseils des personnes les plus autorisées dans les différents domaines de l'activité de la Croix-Rouge en temps de paix. Il conviendrait, par conséquent, d'autoriser le Comité exécutif à faire étudier des problèmes d'ordre technique, chaque fois qu'il le juge nécessaire ou utile en confiant un mandat précis et limité, soit à un expert reconnu en la matière, soit à un Comité restreint désigné *ad hoc*.

Les experts désignés en vertu de cette autorisation seront choisis, autant que possible, parmi les sommités reconnues dans les différents domaines appartenant aux pays dont l'expérience en la matière a donné les résultats les plus satisfaisants.

1. Il ne paraît pas indiqué de prévoir la formation, soit d'un Conseil des Experts régulièrement constitué, soit de comités consultatifs à mandat illimité. La création de ces organes risquerait d'entraîner la Ligue à de grosses dépenses et pourrait influer sur la liberté d'appréciation du secrétariat qui, sous réserve des directives qu'il reçoit du Conseil des Gouverneurs et du Comité exécutif, doit demeurer entière.

2. La collaboration entre les sociétés nationales de la Croix-Rouge et le secrétariat de la Ligue, base essentielle de l'action de ce dernier, a pour corollaire la possibilité pour lui de s'adresser en tout temps aux experts qui se trouvent au sein de ces sociétés. Afin de rendre cette collaboration toujours plus étroite, le secrétariat est autorisé à s'adresser à toutes les Croix-Rouges, en les priant de bien vouloir lui signaler, de temps en temps, les noms des personnes qu'elles seraient particulièrement désireuses de voir consultées par la Ligue dans les différents domaines de son activité.

Le Conseil autorise le Comité exécutif à prendre l'avis d'autres

personnes, en cas de besoin, après avoir consulté la Croix-Rouge
de leurs pays respectifs.

XVIII

Le Conseil des Gouverneurs autorise le secrétariat à convoquer,
d'accord avec la Croix-Rouge brésilienne, la IIIe conférence panaméricaine en 1930 ou 1931.

XIX

Le Conseil des Gouverneurs invite le secrétariat de la Ligue,
dans l'éventualité où la convocation de la prochaine conférence
régionale de l'Europe orientale et centrale aurait lieu à Prague, à se
mettre en rapport avec la Croix-Rouge tchécoslovaque pour fixer
la date qui lui semblera la plus convenable. Si la conférence ne peut
avoir lieu à Prague, le secrétariat est chargé de s'entendre avec les
sociétés nationales de l'Europe orientale et centrale pour la fixation
d'un autre lieu.

XX

Le Conseil des Gouverneurs, après avoir pris connaissance :

1. du budget de 1927 ainsi que du rapport provisoire pour le
premier trimestre 1928 ;

2. des conditions dans lesquelles les baux ont été renouvelés
tant en ce qui concerne l'avenue Velasquez que Manchester Square ;

3. du projet de budget pour 1929.

félicite le secrétariat pour la manière dont il a géré les fonds
mis à sa disposition ;

approuve le renouvellement des baux du 2, avenue Velasquez et
du 15 Manchester Square ;

approuve le budget général pour 1929 ;

autorise le Comité exécutif, au cours de l'année 1929, à
établir le budget pour 1930, étant entendu que la somme prévue
pour le budget général de 1930 ne dépassera pas la somme prévue
pour le budget de 1929. »

XXI

Le Conseil des Gouverneurs ayant pris connaissance d'une
proposition émanant des représentants de la Nouvelle-Zélande,
MM. Colins et Dr. Colquhoun, demandant que 10 % de toutes les
recettes de la Ligue soient consacrés à la fondation d'une caisse

77

d'assurance pour les fonctionnaires du secrétariat, décide de renvoyer la question pour étude au Comité exécutif.

XXII

Le Conseil des Gouverneurs décide de renvoyer au Comité exécutif la question de la date et du lieu de la prochaine réunion du Conseil des Gouverneurs.

NOMINATIONS EFFECTUÉES
PAR LE CONSEIL DES GOUVERNEURS

Président du Conseil des Gouverneurs :

Hon. John Barton PAYNE (Croix-Rouge américaine) (nommé pour
une période de quatre ans).

Vice-présidents du Conseil des Gouverneurs :

Général PAU (Croix-Rouge française).

Colonel DRAUDT (Croix-Rouge allemande) (nommé pour une période
de quatre ans).

M. E. J. CONILL (Croix-Rouge cubaine) (nommé pour une période
de quatre ans).

M. N. SAKENOBÉ (Croix-Rouge japonaise) (nommé pour une période
de quatre ans).

Comité Exécutif :

Le Comité exécutif est composé du président et des vice-présidents du Conseil des Gouverneurs. Les autres membres sont les suivants :

Sir Arthur STANLEY (Croix-rouge britannique) (mandat prolongé jusqu'en 1930).

Sénateur CIRAOLO (Croix-Rouge italienne) (mandat prolongé jusqu'en 1930).

M. Van Slooten AZN (Croix-Rouge néerlandaise) (en remplacement
de M. Thiébaut, jusqu'en 1930).

M. DANEFF (Croix-Rouge bulgare) (nommé pour une période de
quatre ans).

Général GARINO (Croix-Rouge argentine) (nommé pour une période
de quatre ans).

Comte POTOCKI (Croix-Rouge polonaise) (nommé pour une période
de quatre ans).

Commission des Finances :

M. N. SAKENOBÉ (Croix-Rouge japonaise).

M. van Slooten AZN (Croix-Rouge néerlandaise).

Général GARINO (Croix-Rouge argentine).

6

STATUTS ET RÈGLEMENT INTÉRIEUR
DE LA LIGUE DES SOCIÉTÉS
DE LA CROIX-ROUGE

STATUTS
DE LA LIGUE DES SOCIÉTÉS DE LA CROIX-ROUGE

(Texte approuvé en mai 1927)

ARTICLE PREMIER. — NOM

Une association est fondée entre les sociétés de la Croix-Rouge, sous le nom de « Ligue des sociétés de la Croix-Rouge ».

La Ligue des Sociétés de la Croix-Rouge désire travailler en complet accord et en collaboration avec le Comité International de la Croix-Rouge, poursuivant, parallèlement à l'œuvre de ce Comité en temps de guerre, un programme de paix raisonné et compréhensif. Cet effort combiné aura pour résultat de maintenir les meilleures traditions de la Croix-Rouge et d'accroître les bienfaits de son action.

ARTICLE II. — OBJET

La Ligue n'a aucun caractère gouvernemental, ethnique, politique ou confessionnel.

Elle a pour objet d'encourager et de faciliter en tout temps l'action humanitaire de secours de la Croix-Rouge. A cet effet, elle doit :

1° Encourager et favoriser, dans chaque pays, l'établissement et le développement d'une organisation nationale de la Croix-Rouge, indépendante et dûment autorisée, travaillant selon les principes de la Convention de Genève ;

2° Collaborer avec ces organisations en vue d'améliorer la santé, de prévenir la maladie et d'atténuer les souffrances ;

STATUTS
DE LA LIGUE DES SOCIÉTÉS DE LA CROIX-ROUGE

(Texte revisé, approuvé en octobre 1928)

ARTICLE PREMIER. — NOM

Une association est fondée entre les sociétés de la Croix-Rouge, sous le nom de « Ligue des sociétés de la Croix-Rouge ».

La Ligue des sociétés de la Croix-Rouge fait partie de la Croix-Rouge Internationale, telle qu'elle est définie par les statuts approuvés par la XIII⁶ Conférence internationale et auxquels la Ligue se conforme. La Ligue poursuit un programme de paix raisonné et compréhensif et collabore avec les autres éléments de la Croix-Rouge internationale, les sociétés nationales et le Comité international de la Croix-Rouge. Cet effort commun aura pour résultat de maintenir les meilleures traditions de la Croix-Rouge et d'accroître les bienfaits de son action.

ARTICLE II. — OBJET

La Ligue n'a aucun caractère gouvernemental, ethnique, politique ou confessionnel.

Elle a pour objet d'encourager et de faciliter en tout temps l'action humanitaire de secours de la Croix-Rouge. A cet effet, elle doit :

1° Encourager et favoriser dans chaque pays, l'établissement et le développement d'une organisation nationale de la Croix-Rouge, indépendante et dûment autorisée, travaillant selon les principes de la Convention de Genève.

2° Collaborer avec ces organisations en vue d'améliorer la santé, de prévenir la maladie et d'atténuer les souffrances.

3º Mettre à la portée des peuples le bénéfice des faits déjà connus, des nouvelles découvertes scientifiques et médicales et de leurs applications;

4º Constituer un intermédiaire qui collabore avec les sociétés de la Croix-Rouge pour développer, stimuler et coordonner les efforts des œuvres d'assistance, en cas de calamités nationales ou internationales.

ARTICLE III. — MEMBRES

Toute société de la Croix-Rouge, organisée selon les principes de la Convention de Genève, et dûment autorisée par son gouvernement, qui poursuit les buts indiqués à l'article II, peut être admise dans la Ligue des Sociétés de la Croix-Rouge, sur une invitation envoyée par le Conseil des Gouverneurs.

ARTICLE IV. — LIBERTÉ D'ACTION

Chaque société, membre de la Ligue, conserve en tout temps son entière liberté d'action en ce qui concerne son organisation et son activité propres.

Tout membre de la Ligue peut s'en retirer en avertissant par écrit le Conseil des Gouverneurs. Tout membre qui se retire renonce à tout droit sur les biens de la Ligue.

ARTICLE V. — ORGANISATION

La gestion des affaires de la Ligue est confiée à une Assemblée Générale, à un Conseil des Gouverneurs et à un Comité Exécutif.

Assemblée Générale

Une Assemblée Générale composée des délégués choisis par les sociétés nationales de la Croix-Rouge et de telles autres personnes qui seraient invitées à y assister, se réunira tous les

3º Mettre à la portée des peuples le bénéfice des faits déjà connus, des nouvelles découvertes scientifiques et médicales et de leurs applications.

4º Constituer un intermédiaire qui collabore avec les sociétés de la Croix-Rouge pour développer, stimuler et coordonner les efforts des œuvres d'assistance, en cas de calamités nationales ou internationales.

La Ligue collabore avec le Comité international de la Croix-Rouge dans les domaines qui touchent aux activités de l'une ou de l'autre, particulièrement en ce qui concerne les œuvres d'assistance en cas de calamités nationales ou internationales.

Cette collaboration est assurée notamment par la nomination d'un représentant que le Comité international de la Croix-Rouge accrédite auprès de la Ligue et d'un représentant que la Ligue accrédite auprès du Comité international de la Croix-Rouge.

ARTICLE III. — MEMBRES

Toute société de la Croix-Rouge, organisée selon les principes de la Convention de Genève, et dûment autorisée par son gouvernement, qui poursuit les buts indiqués à l'article II, peut être admise dans la Ligue des Sociétés de la Croix-Rouge, sur une invitation envoyée par le Conseil des Gouverneurs.

ARTICLE IV. — LIBERTÉ D'ACTION

Chaque société membre de la Ligue, conserve en tout temps son entière liberté d'action en ce qui concerne son organisation et son activité propres.

Tout membre de la Ligue peut s'en retirer en avertissant par écrit le Conseil des Gouverneurs. Tout membre qui se retire renonce à tout droit sur les biens de la Ligue.

ARTICLE V. — DÉLÉGATIONS

La Ligue participe, par ses délégués, à la Conférence Internationale et au Conseil des Délégués, ainsi que, par deux représentants, à la Commission permanente prévue par les statuts de la Croix-Rouge internationale, *cinq ans. Chaque société nationale aura droit à une seule voix aux réunions de l'Assemblée Générale. Une majorité des sociétés représentées à la réunion de l'Assemblée Générale constituera le quorum.*

Conseil des Gouverneurs

Le Conseil des Gouverneurs est formé à raison d'un représentant par société nationale de la Croix-Rouge, membre de la Ligue; chaque représentant a droit à une seule voix. Les membres du Conseil sont nommés pour une période de quatre années ou pour toute autre période que fixera la société qui les aura nommés; ils peuvent être remplacés temporairement, ou d'une manière définitive au gré des sociétés nationales qui les nomment. Le Conseil des Gouverneurs établit le programme de travail et la politique générale de la Ligue et décide des questions d'ordre général; il est, en outre, chargé de gérer les fonds de la Ligue. Le Conseil des Gouverneurs nommera parmi ses membres un président et trois vice-présidents qui resteront en fonctions pour une période de deux ans, à partir de la date de leur élection. Ils seront rééligibles.

Douze membres du Conseil des Gouverneurs constitueront le quorum.

Tout vote adopté à la majorité des voix de ce quorum est décisif, sauf dans le cas prévu à l'article VIII des présents statuts.

Le Conseil des Gouverneurs tiendra une session ordinaire chaque année; il peut être réuni en session extraordinaire par son président. Le président doit le réunir en session extraordinaire lorsque la demande lui en est faite par le Comité Exécutif ou par au moins dix sociétés, membres de la Ligue.

Le président du Conseil des Gouverneurs ou, en son absence un des vice-présidents désignés par lui, est chargé

ARTICLE VI. — ORGANISATION

La gestion des affaires de la Ligue est confiée à un Conseil des Gouverneurs et à un Comité Exécutif.

Conseil des Gouverneurs

a) Le Conseil des Gouverneurs est formé à raison d'un représentant par société nationale de la Croix-Rouge, membre de la Ligue ; chaque représentant a droit à une seule voix. Les membres du Conseil sont nommés pour une période de quatre années ou pour toute autre période que fixeront les sociétés qui les auront nommés ; ils peuvent être remplacés temporairement ou d'une manière définitive au gré des sociétés nationales qui les nomment.

b) Le Conseil des Gouverneurs établit le programme de travail et la politique générale de la Ligue et décide des questions d'ordre général. Il est, en outre, chargé de gérer les fonds de la Ligue.

Le Conseil des Gouverneurs se prononce et, le cas échéant, statue sur les questions et sur les propositions qui lui sont renvoyées par la Conférence internationale de la Croix-Rouge ou par la Commission permanente.

c) Le Conseil des Gouverneurs nomme parmi ses membres un président et trois vice-présidents qui restent en fonction pour une période de quatre années à partir de la date de leur élection ; ils sont rééligibles. En outre, le président du Comité central de la Croix-Rouge du pays dans lequel la Ligue a son siège est d'office vice-président du Conseil des Gouverneurs.

d) Douze membres du Conseil des Gouverneurs constituent le quorum.

e) Tout vote adopté à la majorité des voix de ce quorum est décisif, sauf dans le cas prévu à l'article IX des présents statuts.

f) Le Conseil des Gouverneurs tient sa session tous les deux ans, cette session devant avoir lieu dans la même ville et à la même époque que la Conférence internationale, les années où cette dernière est convoquée.

de la surveillance générale des travaux du secrétariat et de la représentation de la Ligue auprès des autres institutions et des sociétés nationales membres de la Ligue. Le vice-président désigné prête service à titre bénévole, mais reçoit une indemnité destinée à couvrir les frais occasionnés par l'exercice de ses fonctions. En l'absence du président, ce dernier sera remplacé à tout de rôle par un des deux autres vice-présidents aux réunions du Conseil des Gouverneurs et du Comité exécutif.

Le Conseil des Gouverneurs désigne un secrétaire général qui els d'office secrétaire du Conseil des Gouverneurs et du Comité exécutif, un trésorier général et un conseiller technique, s'il le juge opportun. Le secrétaire général est chargé d'administrer, sous la direction du président, le secrétariat de la Ligue, et de veiller à l'accomplissement de la tâche confiée à celui-ci.

Comité Exécutif

Le Comité exécutif est composé du président et des vice-présidents du Conseil des Gouverneurs, et de six membres désignés par le Conseil des Gouverneurs parmi ses membres pour une période de deux ans, trois d'entre eux se retirant chaque année.

Lorsqu'un membre du Comité exécutif se trouve dans l'impossibilité d'assister à une réunion quelconque, il peut déléguer ses pouvoirs soit à un suppléant, soit à un autre membre du Comité.

Le Comité exécutif se réunit tous les trois mois au siège de la Ligue. En outre, le président du Conseil des Gouverneurs peut le convoquer toutes les fois qu'il le juge utile. Il doit le convoquer lorsqu'une société membre de la Ligue ou un membre du Comité Exécutif lui en fait la demande.

Le Comité Exécutif a tous les pouvoirs d'ordre administratif et financier du Conseil des Gouverneurs, quand

Le Conseil des Gouverneurs peut être réuni en session extraordinaire par son président. Le président doit le réunir en session extraordinaire lorsque la demande lui en est faite par le Comité Exécutif ou par au moins dix sociétés membres de la Ligue.

g) Le président du Conseil des Gouverneurs, ou en son absence un des vice-présidents désigné par lui, est chargé de la surveillance générale des travaux du secrétariat et de la représentation de la Ligue auprès des autres institutions et des sociétés nationales membres de la Ligue. Le vice-président désigné prête service à titre bénévole, mais reçoit une indemnité destinée à couvrir les frais occasionnés par l'exercice de ses fonctions.

En l'absence du président, ce dernier est remplacé à tour de rôle par un des trois autres vice-présidents aux réunions du Conseil des Gouverneurs et du Comité Exécutif.

h) Le Conseil des Gouverneurs désigne un secrétaire général qui est d'office secrétaire du Conseil des Gouverneurs et du Comité Exécutif, un trésorier général et un conseiller technique, s'il le juge opportun. Le secrétaire général est chargé d'administrer, sous la direction du président, le secrétariat de la Ligue et de veiller à l'accomplissement de la tâche confiée à celui-ci.

Comité Exécutif

Le Comité Exécutif est composé du président et des vice-présidents du Conseil des Gouverneurs et de six membres désignés par le Conseil des Gouverneurs parmi ses membres, pour une période de quatre ans ; ces derniers sont soumis à réélection, par moitié, tous les deux ans.

Lorsqu'un membre du Comité Exécutif se trouve dans l'impossibilité d'assister à une réunion quelconque, il peut déléguer ses pouvoirs soit à un suppléant, soit à un autre membre du Comité.

Le Comité Exécutif se réunit tous les six mois au siège de la Ligue. En outre, le président du Conseil des *celui-ci ne siège pas. Il est autorisé à faire tout ce qu'il juge nécessaire ou désirable pour atteindre les buts poursuivis par la Ligue, sans enfreindre les termes des statuts. Il pourvoit provisoirement, et jusqu'à la prochaine réunion du Conseil des Gouverneurs, aux vacances qui pourraient se produire dans les Commissions permanentes prévues par le règlement intérieur et dans les postes de vice-président, de secrétaire général, de trésorier général, et de conseiller technique.*

ARTICLE VI. — RAPPORTS ET COMPTES

Le Comité Exécutif soumet annuellement au Conseil des Gouverneurs, un rapport sur les travaux de la Ligue pendant l'année précédente ; un rapport financier complet est annexé à ce document. Les archives et la comptabilité de la Ligue peuvent être consultées en tout temps par les représentants autorisés de toute société membre de la Ligue.

ARTICLE VII. — DISPOSITIONS FINANCIÈRES

Aucune société de la Croix-Rouge, en souscrivant à ces articles ne se crée d'obligation financière.

La Ligue n'a aucune autorité pour engager un membre de quelque façon que ce soit, à moins que le Conseil des Gouverneurs n'ait reçu de ce membre l'autorisation nécessaire.

Le Conseil des Gouverneurs doit prendre toute disposition utile pour recevoir et débourser les fonds nécessaires aux dépenses de la Ligue et à toute action urgente. Il doit également pourvoir à la conservation et à la gestion de tous les fonds ou biens acquis ou reçus à l'usage de la Ligue, ainsi qu'à l'emploi approprié de ceux qui lui sont donnés avec une affectation spéciale.

Gouverneurs peut le convoquer toutes les fois qu'il le juge utile. Il doit le convoquer lorsqu'une société membre de la Ligue ou un membre du Comité Exécutif lui en fait la demande.

Le Comité Exécutif a tous les pouvoirs d'ordre administratif et financier du Conseil des Gouverneurs, quand celui-ci ne siège pas. Il est autorisé à faire tout ce qu'il juge nécessaire ou désirable pour atteindre les buts poursuivis par la Ligue, sans enfreindre les termes des statuts. Il pourvoit provisoirement et jusqu'à la prochaine réunion du Conseil des Gouverneurs, aux vacances qui pourraient se produire dans les Commissions permanentes prévues par le règlement intérieur et dans les postes de vice-président, de secrétaire général, de trésorier général et de conseiller technique.

ARTICLE VII. — RAPPORTS ET COMPTES

Le Comité Exécutif soumet annuellement au Conseil des Gouverneurs, un rapport sur les travaux de la Ligue pendant l'année précédente ; un rapport financier complet est annexé à ce document. Les archives et la comptabilité de la Ligue peuvent être consultées en tout temps par les représentants autorisés de toute société membre de la Ligue.

ARTICLE VIII. — DISPOSITIONS FINANCIÈRES

Aucune société de la Croix-Rouge, en souscrivant à ces articles ne se crée d'obligation financière.

La Ligue n'a aucune autorité pour engager un membre de quelque façon que ce soit, à moins que le Conseil des Gouverneurs n'ait reçu de ce membre l'autorisation nécessaire.

Le Conseil des Gouverneurs doit prendre toute disposition utile pour recevoir et débourser les fonds nécessaires aux dépenses de la Ligue et à toute action urgente. Il doit également pourvoir à la conservation et à la gestion de tous les fonds ou bien acquis ou reçus à l'usage de la Ligue, ainsi qu'à l'emploi approprié de ceux qui lui sont donnés avec une affectation spéciale.

Les présents Statuts peuvent être modifiés par un vote des membres du Conseil des Gouverneurs, émis à la majorité des deux tiers des voix.

REGLEMENT INTÉRIEUR DE LA LIGUE DES SOCIÉTÉS DE LA CROIX-ROUGE

Texte approuvé en mai 1927

Article premier. — Conseil des Gouverneurs

Lorsque le Conseil des Gouverneurs doit se réunir, une convocation indiquant l'ordre du jour, la date et le lieu de la réunion, est envoyée par lettre ou par télégramme, à tous les membres du Conseil des Gouverneurs, au moins soixante jours avant la date fixée pour la réunion, et au moins cinquante jours avant cette date, s'il s'agit d'une session extraordinaire.

Lorsque la réunion d'une session extraordinaire est demandée par le Comité Exécutif ou par au moins dix sociétés membres de la Ligue, la convocation doit être envoyée dans un délai de dix jours après réception de la demande.

Lorsqu'une société de la Croix-Rouge se trouve dans l'impossibilité de se faire représenter à une réunion quelconque du Conseil des Gouverneurs par le Gouverneur titulaire qu'elle a désigné, elle peut déléguer ses pouvoirs, soit à un suppléant choisi parmi ses membres nationaux, soit à un autre membre du Conseil des Gouverneurs.

Toute société désirant se faire représenter par un suppléant ou par procuration, doit en informer le président du Conseil des Gouverneurs, par lettre ou par télégramme, au moins trois jours avant la réunion. Les votes

---

Les présents statuts peuvent être modifiés par un vote des membres du Conseil des Gouverneurs, émis à la majorité des deux tiers des voix.

REGLEMENT INTÉRIEUR DE LA LIGUE DES SOCIÉTÉS DE LA CROIX-ROUGE

Texte revisé, approuvé en octobre 1928

Article premier. — Conseil des Gouverneurs

Lorsque le Conseil des Gouverneurs doit se réunir, une convocation indiquant l'ordre du jour, la date et le lieu de la réunion, est envoyée par lettre ou par télégramme, à tous les membres du Conseil des Gouverneurs, au moins soixante jours avant la date fixée pour la réunion et au moins cinquante jours avant cette date, s'il s'agit d'une session extraordinaire.

Lorsque la réunion d'une session extraordinaire est demandée par le Comité Exécutif ou par au moins dix sociétés membres de la Ligue, la convocation doit être envoyée dans un délai de dix jours après réception de la demande.

Lorsqu'une société de la Croix-Rouge se trouve dans l'impossibilité de se faire représenter à une réunion quelconque du Conseil des Gouverneurs par le Gouverneur titulaire qu'elle a désigné, elle peut déléguer ses pouvoirs, soit à un suppléant choisi parmi ses membres nationaux, soit à un autre membre du Conseil des Gouverneurs.

Toute société désirant se faire représenter par un suppléant ou par procuration, doit en informer le président du Conseil des Gouverneurs, par lettre ou par télégramme, au *exprimés par procuration ou par un suppléant ont la même valeur que ceux d'un Gouverneur titulaire.*

Le Conseil des Gouverneurs est libre d'adopter pour la procédure de ses séances, les dispositions et règlements qu'il juge utiles.

ARTICLE II. — COMITÉ EXÉCUTIF

Le quorum est de cinq membres.

ARTICLE III. — DÉSIGNATION DE COMMISSIONS SPÉCIALES

Le Conseil des Gouverneurs peut désigner tels fonctionnaires et commissions spéciales qu'il juge nécessaires. Il nomme un Comité permanent chargé d'examiner les comptes et les opérations financières de la Ligue, d'étudier ses besoins dans ce domaine et de présenter des rapports sur les questions financières au Conseil des Gouverneurs et au Comité exécutif.

ARTICLE IV. — MODIFICATIONS AU RÈGLEMENT INTÉRIEUR

Des modifications, amendements ou additions, peuvent être apportés au présent Règlement par un vote du Conseil des Gouverneurs.

Aucune décision contenue actuellement ou ultérieurement dans le Règlement intérieur ne devra limiter ni annuler aucun article des statuts.

moins trois jours avant la réunion. Les votes exprimés par procuration ou par un suppléant ont la même valeur que ceux d'un Gouverneur titulaire.

Le Conseil des Gouverneurs est libre d'adopter pour la procédure de ses séances les dispositions et règlements qu'il juge utiles.

ARTICLE II. — COMITÉ EXÉCUTIF

Le quorum est de cinq membres.

ARTICLE III. — DÉSIGNATION DE COMMISSIONS SPÉCIALES

Le Conseil des Gouverneurs peut désigner tels fonctionnaires et commissions spéciales qu'il juge nécessaires. Il nomme un Comité permanent chargé d'examiner les comptes et les opérations financières de la Ligue, d'étudier ses besoins dans ce domaine et de présenter des rapports sur les questions financières au Conseil des Gouverneurs et au Comité Exécutif.

ARTICLE IV. — MODIFICATIONS AU RÈGLEMENT INTÉRIEUR

Des modifications, amendements ou additions, peuvent être apportés au présent règlement par un vote du Conseil des Gouverneurs.

Aucune décision contenue actuellement ou ultérieurement dans le Règlement intérieur ne devra limiter ni annuler aucun article des statuts.

LES ACTIVITÉS FUTURES
DU
SECRÉTARIAT DE LA LIGUE

LES ACTIVITÉS FUTURES DU SECRÉTARIAT
DE LA LIGUE

Bases du travail du secrétariat. — En mai 1927, le Conseil des Gouverneurs de la Ligue a approuvé les projets du secrétariat qui lui ont été soumis sous forme de rapport. A l'occasion de la réunion du Conseil en 1928, nous avons préparé, outre un rapport qui sera présenté à la XIIIe Conférence de la Croix-Rouge internationale, rapport résumant le développement général des activités de la Ligue depuis sa fondation en 1919, un compte rendu plus détaillé couvrant les années 1927-28, d'accord avec l'action du Conseil des Gouverneurs en 1927.

La Ligue des Sociétés de la Croix-Rouge entre dans sa dixième année d'existence et il n'existe plus maintenant aucun doute sur la place qu'elle est appelée à occuper en tant que partie essentielle et permanente de l'organisation internationale de la Croix-Rouge. Le Conseil des Gouverneurs peut donc estimer que le moment est favorable pour étudier, à la lumière des expériences passées, les principes généraux qui devraient être à la base des futurs travaux du secrétariat. Au cours de ces dix dernières années, le travail de la Croix-Rouge est devenu pratiquement universel ; toutes les sociétés nationales ont abordé un programme défini d'activité en temps de paix, pour augmenter et compléter le rôle qui leur incombait primitivement et qui découlait de la Convention de Genève. On peut dire en outre qu'il n'y a plus actuellement un pays au monde qui ne possède son organisme national de la Croix-Rouge.

Fonction du secrétariat. — Le Conseil général de la Ligue a étendu et complété en 1924 les décisions prises en 1922, concernant les champs d'action dans lesquels le secrétariat peut se rendre le plus utile aux Croix-Rouges nationales. Au cours des cinq dernières années, on peut dire que le secrétariat, travaillant sur la base de ces décisions, a exercé une triple fonction :

1. Son objet primitif a été de servir de secrétariat international ou d'office central des sociétés nationales de la Croix-Rouge, membres de la Ligue, en ce qui concerne les activités de paix communes à la majorité de ces sociétés. Dans ce but, une collaboration intime et amicale a été établie et maintenue

avec le siège central de chaque société nationale ; une documentation a été recueillie concernant leurs activités ; des études comparées ont été faites sur les objectifs poursuivis, les méthodes employées et les résultats obtenus dans chacun des principaux champs d'action dans lesquels la Croix-Rouge exerce ses efforts. En recueillant et en répandant cette documentation, le secrétariat a eu pour but de permettre à chaque société de profiter de l'expérience de toutes les autres. Il a ainsi stimulé les progrès des sociétés nationales tout en tenant le monde extérieur au courant du développement et des tendances de la Croix-Rouge.

2. En second lieu, le secrétariat a été le principal instrument employé par la Ligue pour stimuler le développement du programme de paix de la Croix-Rouge, tel qu'il est défini dans l'article 25 du Pacte de la Société des Nations et dans l'article 2 des statuts de la Ligue. Le secrétariat n'a pas essayé seulement d'encourager les sociétés nationales à étendre leur programme, mais aussi à améliorer pratiquement leur organisation en facilitant le travail de leur personnel et en les aidant à entreprendre des activités nouvelles. Les sociétés nationales et autres organismes s'intéressant particulièrement à des parties déterminées du programme du temps de paix de la Croix-Rouge, ont placé des fonds spéciaux à la disposition de la Ligue pour lui permettre de donner une aide directe à certaines sociétés nationales ou de participer au développement d'activités spéciales. L'extension de l'action du secrétariat dans ce domaine a été ainsi rendue possible.

3. Enfin, le secrétariat a été appelé à agir en qualité de représentant collectif des sociétés nationales, surtout en vue d'assurer la collaboration avec d'autres organismes officiels ou privés s'occupant de questions connexes à celles qui intéressent la Croix-Rouge. Dans cette capacité et chaque fois que cela a été nécessaire, le secrétariat a pris l'initiative en matière de secours international, tout en collaborant régulièrement avec le Comité international de la Croix-Rouge, de lancer des appels et poursuivre l'œuvre de secours organisée en faveur des victimes des désastres. Des relations ont été maintenues et développées non seulement avec des corps officiels tels que le Secrétariat de la Société des Nations, le Bureau international du Travail, l'Office international d'Hygiène Publique, à Paris et l'Union panaméricaine, mais aussi avec un très grand nombre d'organismes privés s'occupant de questions d'hygiène, d'assistance sociale et d'éducation.

L'organisation du secrétariat se conforme aux idées des sociétés nationales quant aux responsabilités qu'elles désirent lui attribuer, et ses activités découlent des fonctions qu'elles désirent lui voir remplir. L'organisation actuelle est le résultat de l'expérience des neuf dernières années, et représente une évolution graduelle. C'est pourquoi, si le Conseil des Gouverneurs estime que le moment est venu de définir plus nettement les devoirs spéciaux du secrétariat, il serait utile en même temps de voir si l'organisation, sous sa forme actuelle, est adaptée à la besogne future qui peut lui être confiée par le Conseil. Il est évident que l'organisation doit toujours être élastique, en ce sens que les problèmes et les besoins de la Croix-Rouge changent et se développent d'année en année et que tant la structure du secrétariat que son personnel, doivent être continuellement adaptés à ce développement.

Relations des sociétés nationales de la Croix-Rouge avec le siège central de la Ligue. — L'utilité du secrétariat peut sans aucun doute être grandement accrue par le développement d'une collaboration plus intime avec les sociétés nationales de la Croix-Rouge. L'expérience du passé indique que l'entente étroite et mutuelle qui est la base de cette collaboration ne peut être mieux obtenue que par un système d'échanges de visites : les membres du secrétariat étudiant sur place les problèmes des sociétés nationales et les envoyés des sociétés nationales venant à Paris pour y faire des stages d'étude au siège central de la Ligue. Dans le projet de budget soumis séparément à l'approbation du Conseil, une provision spéciale a été prévue pour contribuer aux dépenses des représentants des sociétés nationales qui pourraient être invités à visiter le siège central de la Ligue au cas où ces sociétés ne pourraient supporter la dépense. Le résultat de ces visites a été si satisfaisant que l'on se propose d'en accroître le nombre jusqu'au maximum permis par la situation financière de la Ligue.

Missions de membres du personnel de la Ligue. — En ce qui concerne les visites de membres du secrétariat aux sociétés nationales, nous avons l'intention de suivre la ligne de conduite observée jusqu'à présent. Le Conseil des Gouverneurs estimera sans doute que les sociétés nationales sont libres, en tout temps, d'inviter le secrétariat à leur déléguer ceux de ses membres qui seraient capables de leur être utiles dans le développement de n'importe quel aspect de leurs activités de paix. Ces requêtes, si elles ne dépassent pas les limites du budget, devraient toujours être favorablement accueillies. Il serait également opportun, au cours des deux ou trois années à venir, d'envisager l'éventualité d'une série de visites spéciales à faire par le président, l'un des vice-présidents ou le secrétaire général, au plus grand nombre possible de sociétés nationales pour faciliter, d'abord la discussion avec chacune d'entre elles, puis la présentation au Conseil de plans plus détaillés concernant, non seulement la besogne générale du secrétariat, mais encore la collaboration de la Ligue au développement des organisations et des activités nationales. La série prochaine de conférences régionales fournira l'occasion d'organiser ces visites.

Visites de représentants des sociétés nationales au siège central de la Ligue. — Les visites faites au secrétariat de la Ligue peuvent être classées dans trois catégories différentes :

1. Visites relativement courtes de délégués des sociétés nationales dans le but d'étudier les activités et les méthodes du secrétariat et de discuter des plans de collaboration future. On a soin qu'autant que possible ces visites

coïncident avec les réunions de la Ligue, car la participation d'un grand nombre de représentants des sociétés nationales facilite évidemment le travail et donne plus de valeur à la discussion.

2. Visites de plusieurs semaines, permettant au représentant d'une société nationale d'étudier à fond quelque problème particulier, le plus souvent de caractère technique. On prend les arrangements nécessaires pour compléter ces études faites au siège central de la Ligue, en facilitant au délégué la visite d'une ou deux sociétés ou autres organismes qui se distinguent par leur travail dans le domaine qui l'intéresse, ce qui lui permet d'apprécier directement les méthodes employées.

3. Des visites de 1 à 6 mois pour les délégués des sociétés nationales spécialement invités à collaborer activement au travail courant du secrétariat. Nous projetons, si les circonstances le permettent, d'établir dans chaque section du secrétariat, au moins un poste de stagiaire que l'on offrira successivement à chacune des sociétés nationales en leur demandant de déléguer au siège central de la Ligue un membre de leur personnel qui prendra part temporairement au travail courant de la section. Ce plan aiderait à développer l'esprit de collaboration parmi les personnes qui contribuent au mouvement de la Croix-Rouge considéré dans son ensemble, mettrait le secrétariat en contact plus étroit avec les travailleurs de la Croix-Rouge dans les différents pays, et permettrait à toutes les sociétés nationales de donner à leur personnel une expérience directe des problèmes internationaux de la Croix-Rouge.

Des visites de ce genre ne peuvent cependant qu'être relativement peu fréquentes dans une période donnée et doivent être complétées par d'autres mesures, afin de permettre de maintenir simultanément avec toutes les sociétés la collaboration indispensable non seulement au succès du travail de la Ligue, mais au développement général de la Croix-Rouge dans le monde. La position financière de beaucoup de sociétés nationales ne leur permet pas actuellement d'avoir un personnel fortement rétribué. D'autre part, tous les comités centraux comptent parmi leurs membres et parmi leurs collaborateurs bénévoles, certaines personnalités hautement qualifiées qui consacrent beaucoup de temps aux affaires de la Croix-Rouge. Il ne serait pas très difficile de trouver parmi elles des volontaires qui accepteraient de se charger de certaines parties du travail international de la société, surtout en vue de se tenir en contact avec le secrétariat et avec le travail et le développement général de la Ligue. Dans nombre de cas, cette pratique a déjà été suivie. Par exemple, la section de la Croix-Rouge de la Jeunesse du secrétariat a réussi à établir et à maintenir un contact personnel avec les services qui ont assumé la charge directe des activités de la jeunesse dirigées par les sociétés nationales. Il a été possible d'en faire autant, bien qu'à un moindre degré, en ce qui concerne la section des infirmières, du moins avec les sociétés nationales qui ont elles-mêmes établi une section ou un comité d'infirmières près de leur siège central.

Nomination d'experts par les sociétés nationales. — Ce
sont les sociétés nationales elles-mêmes qui doivent servir de guides
et de conseillères au secrétariat pour la réalisation de son programme.
La politique de la Ligue est naturellement établie par les sociétés
nationales par l'organe de leurs délégués au Conseil des Gouverneurs.
Mais, pour la mise en œuvre de cette politique, le secrétariat devrait
pouvoir toujours compter sur les conseils et les avis des sociétés. Si
chacune d'elles s'astreint à attirer régulièrement son attention sur
toutes les questions qui semblent avoir un intérêt international, ou
représenter un développement national important, le travail de la
Ligue ne pourra qu'en bénéficier grandement. Relativement à la
constitution du nouveau Conseil des Experts projetée par le Conseil
des Gouverneurs en 1927, il a été suggéré que chaque société nationale
devrait désigner des experts chargés de donner des avis à la Ligue
en ce qui concerne toutes les branches principales de ses activités :
hygiène, secours, infirmières, Croix-Rouge de la jeunesse... Dans
une note soumise à l'étude du Conseil des Gouverneurs, il est
traité de la constitution de ce Conseil des Experts, ou d'organismes
spéciaux agissant à titre consultatif. Quelle que soit la décision adoptée
il faut espérer que le Conseil des Gouverneurs fera sienne l'idée qu'une
liste d'experts auxquels la Ligue pourrait demander avis sera établie
par chaque société nationale.

Conférences. — Un autre moyen de maintenir le contact du
secrétariat et des sociétés et de ces dernières entre elles est fourni
par les réunions de la Ligue et par les conférences régionales ou spéciales. Afin de suivre la ligne de conduite établie, le secrétariat
demande l'autorisation de préparer les réunions suivantes :

I. Réunions générales de la Ligue

a) Les réunions ordinaires du Comité exécutif en 1929 et 1930.

b) La prochaine Assemblée du Conseil des Gouverneurs et la XIVe Conférence internationale, vraisemblablement en 1930.

II. [Troisième série des conférences régionales

a) Une réunion du groupe européen oriental et central en 1929, ou 1931, à
Prague, suivant le désir exprimé par la Conférence de Vienne en 1925.

b) La IIIe Conférence panaméricaine à tenir à Rio-de-Janeiro en 1930 ou
1931, d'accord avec la recommandation de la Conférence de Washington en 1926.

c) La IIIe Conférence des sociétés de l'Extrême-Orient qui, aux termes de
la résolution adoptée à Tokio en 1926, devrait se tenir en 1931, au plus tard.

d) La Croix-Rouge britannique projette la convocation d'une conférence
spéciale des sociétés de la Croix-Rouge de l'Empire Britannique, à tenir à
Londres, probablement en 1930, pour commémorer le 25e anniversaire de la

constitution officielle de cette société et a laissé entendre qu'elle demanderait la collaboration du secrétariat.

III. Conférences spéciales

a) Une conférence qui traitera des questions de la Croix-Rouge de la Jeunesse, en particulier le problème de la correspondance interscolaire se tiendra à Genève, en juillet 1929, en même temps que la réunion de la Fédération universelle des Associations de l'enseignement.

b) Une conférence spéciale aura lieu en 1929, pour s'occuper des questions concernant le bien-être du marin. Ces questions ont été discutées pour la première fois à la Conférence d'Oslo et étudiées par un Comité spécial, constitué conformément aux décisions prises au cours de cette conférence.

c) Une réunion générale des délégués des services d'infirmières des Croix-Rouges, à convoquer à Paris au moment de la prochaine réunion du Conseil des Gouverneurs et de la XIVe Conférence internationale.

d) Participation autant qu'il sera nécessaire, à toutes les réunions ou conférences s'occupant de la constitution définitive de l'Union internationale de Secours. Il serait essentiel de réunir une conférence spéciale des délégués des services de secours des sociétés nationales, pour discuter les problèmes fondamentaux de collaboration internationale en matière de secours. Elle servirait de préliminaire à l'étude qu'aura à faire la Croix-Rouge de l'extension des responsabilités dans ce champ particulier d'action qui retomberont sur elle, aussitôt que l'Union commencera à fonctionner.

Rôle du Comité exécutif. — Pour assurer une participation plus étroite des sociétés nationales à la direction des activités du secrétariat, le Comité exécutif du Conseil des Gouverneurs de la Ligue sera prié d'examiner la possibilité d'assigner à chacun de ses membres le devoir de suivre de près tel ou tel aspect de ces activités et d'en indiquer le développement, sous forme de rapport, à chaque réunion du Comité. Cela faciliterait la tâche assumée par le Comité Exécutif, vis-à-vis des sociétés nationales, de guider et de réviser les activités de la Ligue.

Développement de la Croix-Rouge en Amérique latine. — Les progrès de la Croix-Rouge en Amérique latine justifient un effort spécial de la part de la Ligue pour aider ce groupe de sociétés à perfectionner leur organisation et à élargir leur programme. La Croix-Rouge brésilienne projette l'organisation d'une campagne nationale de recrutement, pour 1929 et demande la collaboration du secrétariat. Dans nombre de pays de l'Amérique du sud et du centre, le mouvement de la jeunesse fait de rapides progrès. Le moment semble également venu, pour les Croix-Rouges intéressées, de développer les services d'infirmières dans ces pays. Dans ces circonstances, il sera sans doute possible d'établir prochainement une coopération plus étroite avec ces sociétés, en matière technique. La réunion de la Conférence panaméricaine à Rio-de-Janeiro fournira une occasion excellente de discuter des plans précis en vue de cette coopération. A l'occasion de cette réunion, le Comité exécutif sera prié d'autoriser les membres du personnel de la Ligue plus

spécialement qualifiés pour traiter de ces questions, à faire une
série de visites aux sièges centraux des différentes sociétés de
l'Amérique latine.

Extension du nombre de membres de la Ligue. — La Ligue
continue naturellement à généraliser son action en s'assurant des
adhérents dans tous les pays. Le Comité exécutif a exprimé l'espoir
qu'après la Conférence de la Haye, le président pourra inviter toutes
les sociétés officiellement reconnues, mais qui ne sont pas encore
membres de la Ligue, à le devenir, et que cette invitation pourra être
acceptée. Le maintien d'une collaboration active avec toutes les
sociétés existantes, membres ou non de la Ligue, a déjà été indiquée
par le Conseil, comme une des obligations du secrétariat, mais cette
tâche sera naturellement facilitée, si toutes les Croix-Rouges reconnues
acceptent de faire partie de la Ligue.

Il existe également un certain nombre de pays qui ont signé la
Convention de Genève, mais qui ne possèdent pas encore de Croix-
Rouges nationales officiellement reconnues. Le secrétariat propose
donc, sauf approbation du Conseil, de poursuivre la création de comités
provisoires de la Croix-Rouge dans ces pays et de collaborer avec le
Comité international pour obtenir l'organisation et la reconnaissance
de nouvelles sociétés nationales. Des démarches préliminaires ont
déjà été faites pour l'Irlande, le Honduras, le Nicaragua,
la République de Libéria et l'Ethiopie. Le Conseil estimera peut-être
aussi qu'il convient d'autoriser le secrétariat à conférer avec les sociétés
nationales des pays possédant des colonies, ou administrant des
territoires sous mandat spécial, ainsi qu'avec le Comité international
pour aider à la formation de comités de la Croix-Rouge officiellement
reconnus, et au développement des activités de la Croix-Rouge dans
les régions mentionnées. Un aperçu très net de la situation et des
conditions dans lesquelles l'action de la Croix-Rouge peut utilement
s'exercer inciterait sans aucun doute la Croix-Rouge à augmenter
son universalité pratique partout où la souffrance humaine justifie
son intervention.

Relations avec d'autres organismes internationaux. —
Des propositions concernant la ligne de conduite à suivre par la Ligue
dans ses relations avec d'autres organismes internationaux sont
présentées au Conseil des Gouverneurs dans un rapport séparé élaboré
par le Dr. René Sand, conseiller technique. Il suffit ici par conséquent,
de souligner l'importance de ce problème et d'insister sur la nécessité
d'une définition très claire des principes qui devraient être suivis
par le secrétariat, pour établir et maintenir une collaboration avec ces

organismes qui s'occupent spécialement de questions similaires à
celles que la Croix-Rouge doit elle-même traiter. Il serait particulièrement important d'entretenir des relations satisfaisantes et d'utilité
réciproque, avec la Société des Nations, le Bureau international du
Travail, l'Office international d'hygiène publique à Paris, l'Union
panaméricaine et l'Union internationale de Secours, quand cette
dernière sera définitivement constituée, selon les termes de la Convention du 12 juillet 1927. Comme ces organismes sont des institutions
gouvernementales internationales, il semblerait désirable que les
organisations internationales de la Croix-Rouge aient, par rapport
à eux, le rôle auxiliaire déjà reconnu qui existe entre chaque gouvernement et la Croix-Rouge nationale. La reconnaissance spéciale
accordée à la Croix-Rouge non seulement dans la Convention de
Genève, mais dans le Pacte de la Société des Nations, semble fournir
une ample justification de la reconnaissance définitive de la Croix-
Rouge par ces institutions. Quant à l'établissement d'une collaboration
définitive, dans le cas de la Société des Nations en particulier, lors
de la constitution du comité d'hygiène, une représentation au
sein de ce Comité a été donnée à la Ligue et l'un des assesseurs
du Comité est encore considéré comme représentant de la Croix-Rouge.
Mais il semblerait désirable de trouver le moyen d'établir une coopération encore plus étroite entre l'œuvre de la Société des Nations
et celle de la Croix-Rouge. La même observation s'applique aux
autres institutions intergouvernementales et aux autres champs
d'action de la Croix-Rouge en temps de paix.

Le vice-président en exercice, à l'époque de la réunion à Paris
du Congrès international pour la protection de l'Enfance et de la
Conférence internationale du service social a fait un discours dans
lequel il a donné une définition préliminaire très claire de la collaboration que la Ligue peut offrir aux autres organismes internationaux
privés, ayant des programmes se rapprochant de celui de la Croix-
Rouge. Le travail du secrétariat, de ce chef, serait grandement facilité,
si le Conseil, après examen des déclarations du Colonel Draudt, et du
rapport du Dr. Sand ci-dessus mentionné, trouvait le moyen d'adopter
des résolutions définitives pour guider le secrétariat dans sa future
collaboration avec les institutions en question.

Le Conseiller technique de la Ligue et celui de l'hygiène publique
internationale sont spécialement chargés des problèmes qui découlent
des relations de la Ligue avec les autres organismes internationaux.
Tandis qu'un contact direct est naturellement maintenu entre les
sections techniques et les institutions s'intéressant spécialement aux
matières qui sont de la compétence de ces sections, le développement

général de relations internationales que la Ligue cherche à former,
a été laissé à la responsabilité particulière des conseillers. De plus,
les avis et l'expérience de ces derniers sont toujours à la disposition
du secrétaire général et des divers services du secrétariat pour élucider
les problèmes techniques les plus importants.

Fonctions ordinaires du secrétariat. — L'accomplissement des
fonctions inhérentes au rôle général du secrétariat telles qu'elles ont
été définies au début de ce rapport, implique la continuation, dans
les sections et services divers de la Ligue, des activités ordinaires qui
leur ont été assignées. Chaque section et chaque service devra, en
conséquence, dans les limites du champ d'action qui lui a été attribué,
continuer à recueillir et à classer les informations concernant le
développement des sociétés nationales, les méthodes employées
selon les divers modes de l'activité de la Croix-Rouge et les résultats
obtenus. Le secrétariat continuera à préparer des études spéciales
en s'aidant des données ainsi recueillies et à fournir aux sociétés
nationales toutes les informations qui peuvent leur être utiles. En
outre des matériaux paraissant dans les publications régulières de la
Ligue, des études spéciales sur des questions d'importance particulière, continueront à être imprimées de temps à autre. Des informations documentaires, des spécimens, etc. seront préparés. Des
visites seront organisées, des propositions de collaboration envisagées,
en réponse aux demandes qui peuvent être reçues. Il existe déjà,
dans chaque service et dans chaque section un certain nombre de
questions destinées à être traitées très prochainement et provenant
de demandes déjà reçues, ou d'observations déjà faites. Elles sont
résumées dans les paragraphes suivants :

Problèmes généraux de la Croix-Rouge. — Le développement des
relations entre le secrétariat et les sociétés nationales, suivant les
lignes les mieux adaptées aux besoins du mouvement de la Croix-
Rouge dans son ensemble est le devoir primordial du Comité exécutif,
du président, des vice-présidents désignés par lui pour surveiller les
activités de la Ligue et enfin du secrétaire général. Pour permettre
une étude appropriée des questions qui s'y rapportent, le bureau
des affaires générales et le bureau panaméricain ont été cons-
titués comme parties du service du secrétaire général. Ils sont chargés
d'étudier les meilleurs moyens d'assister les diverses sociétés nationales
et de coordonner l'action des diverses sections techniques du secrétariat dans leurs relations avec les sociétés nationales. En plus de cette

fonction de liaison, ces bureaux doivent préparer les rapports généraux
du secrétariat, les études spéciales des problèmes d'organisation de la
Croix-Rouge, le recrutement de nouveaux membres, etc. Ils ont pour
but d'aider à l'extension de l'influence mondiale de la Croix-Rouge
en créant et cimentant la force, l'influence et l'activité de chacun des
organismes nationaux. Ils sont aidés dans ce dernier travail par des
services spéciaux de propagande et d'information. Le premier est
spécialement chargé d'étudier des questions telles que le recrutement
de membres et les méthodes de propagande ; le second doit procéder
à la recherche systématique et au classement de toutes les informations
concernant le programme et les activités des sociétés nationales. Le
service des publications est aussi, et de toute nécessité, étroitement
associé à l'étude de certains aspects des mêmes problèmes. Il peut
donc devenir désirable pour assurer la coordination du travail, de
fondre ces trois services en un seul qui s'occuperait à l'avenir, de tout
ce qui a trait aux publications, à la publicité générale de la Croix-
Rouge, aux méthodes de propagande et à l'information.

Publications. — La question du programme des publications de la
Ligue demandera un examen très attentif. Au cours de six dernières
années, la Ligue a publié une revue mensuelle en trois langues *(Vers
la Santé)* et le *Bulletin d'Information* qui paraît maintenant mensuellement, mais qui, avant 1928, était bi-mensuel. Ce dernier semble
bien répondre à son but qui est de fournir des informations succinctes
à l'usage des agents exécutifs et du personnel technique des Croix-
Rouges nationales.

Vers la Santé avait primitivement pour but d'éveiller l'intérêt non
seulement des sociétés de la Croix-Rouge, mais des services gouverne-
mentaux et du public international cultivé, en ce qui concerne l'œuvre
d'hygiène et l'enseignement de cette branche. La publication de cette
revue, sous sa forme actuelle, représente cependant des frais élevés
qui sont loin d'être couverts par les recettes provenant d'abonnements
et d'annonces. Le coût actuel d'édition et de publication de *Vers
la Santé,* en trois langues, est d'environ 30.000 dollars par an, soit à peu
près 13% du budget de la Ligue. Le Conseil des Gouverneurs jugera
peut-être opportun d'étudier attentivement la question et de voir si
une pareille somme ne serait pas plus utilement employée à développer
dans d'autres directions le programme de publicité et de publications
de la Ligue et si ce changement ne serait pas d'une réelle utilité au
mouvement de la Croix-Rouge. Toute modification à un programme
de publications doit en général être évitée. Le Conseil des Gouverneurs
peut cependant juger intéressant de voir si les crédits budgétaires

assignés aux publications doivent continuer après 1929, à être consacrés principalement à l'édition de *Vers la Santé* ou si le secrétariat
ne pourrait pas être chargé de tracer un plan détaillé qui serait étudié
en temps opportun par le Comité exécutif.

Voici le schéma de ce plan :

a) Possibilité de modifier le caractère de *Vers la Santé* qui deviendrait
plus nettement l'interprète des différentes parties du programme du temps de
paix de la Croix-Rouge au lieu d'être surtout un journal populaire d'hygiène.

b) Serait-il pratique et avantageux de convertir *Vers la Santé*, ainsi trans-
formé en publication trimestrielle ou de l'incorporer à un journal général de la
Croix-Rouge internationale que le Comité et la Ligue pourraient décider de
rédiger et de publier à frais communs.

c) Usages les plus utiles qui pourraient être faits des crédits budgétaires
allégés par la suppression de *Vers la Santé* ou par les changements suggérés
ci-dessus, à savoir :

1. Amélioration et développement du *Bulletin d'Information*.

2. Envoi de matériaux de plus en plus variés aux sociétés de la Croix-Rouge,
matériaux qui seraient utilisés dans leurs propres publications et par la presse
de leurs pays respectifs.

3. Organisation d'un service de publicité distribuant directement du siège
central de la Ligue à la presse, des notes, des articles et des informations en
vue d'éveiller l'intérêt du public en faveur du mouvement général de la Croix-
Rouge et pour augmenter la place réservée aux affaires de cette institution
dans les journaux publications, revues, etc., qui sont lus couramment par le
grand public.

Organisation de la Croix-Rouge et propagande. — On se propose au cours de 1929, de préparer et de publier deux études
spéciales. La première sera un résumé de la constitution et de l'organisation des sociétés nationales. La seconde résumera les méthodes
employées actuellement par ces sociétés pour informer le public de
leurs pays respectifs de l'étendue de leurs activités, pour accroître
leur influence, augmenter le nombre de leurs membres et obtenir
des fonds supplémentaires.

La position unique de la Croix-Rouge comme organisme volon-
taire spécialement reconnu par les gouvernements devrait lui permettre d'acquérir une grande influence dans chaque pays et d'obtenir
l'aide nécessaire en vue de l'extension future de son activité bien-
faisante. Le développement du prestige de l'influence et des ressources
matérielles des sociétés nationales est le corollaire naturel du travail
de ces dernières années qui ont vu se réaliser des progrès si remar-
quables en ce qui concerne la situation internationale de la Croix-
Rouge. Il faut que ce travail continue si l'on désire que ces progrès
se poursuivent. Nous espérons donc que le Conseil des Gouverneurs,
en approuvant les propositions du secrétariat en vue d'aider les
sociétés à accroître leur prestige, le nombre de leurs membres et leurs
ressources financières, voudra bien exprimer par une résolution

formelle, sa conviction qu'il importe que les sociétés nationales vouent
une attention spéciale à ce problème essentiel aussi bien indivi-
duellement que par l'entremise de leur secrétariat international.

*Méthodes employées pour augmenter le nombre des membres et les
fonds de la Croix-Rouge.* — L'approbation éventuellement donnée
par le Conseil des Gouverneurs à ces suggestions permettra au secrétariat de regrouper ses services centraux et en préparant ses activités
futures, d'accorder une attention toute spéciale à l'étude des problèmes
pratiques reliés à l'organisation de campagnes destinées à recruter
de nouveaux membres ou à recueillir des fonds pour les activités de
la Croix-Rouge ainsi qu'à prévoir l'aide technique à fournir aux
sociétés nationales pour l'organisation de ces campagnes.

Le secrétariat a déjà réuni une importante collection de matériel
de propagande comprenant des films, des affiches, des brochures, des
insignes de la Croix-Rouge, etc. Cette collection devrait être aug-
mentée et servir aux sociétés nationales dans la préparation de matériel
nouveau destiné à faire face à leurs propres besoins. En organisant
l'échange de matériel de ce genre entre les sociétés et en obtenant des
dons de stocks, d'affiches, d'insignes, etc., le secrétariat pourra
collaborer efficacement à l'organisation de ces campagnes. Il peut
aussi, en centralisant les commandes de matériel, placer des stocks
à la disposition des sociétés à un prix très favorable.

Lors d'une réunion officieuse tenue au secrétariat les 6 et 7 juillet
dernier, et à laquelle ont assisté les représentants d'une vingtaine
de sociétés nationales, ces questions d'organisation et de propagande
ont été discutées. L'opinion des assistants a été exprimée dans une
série de recommandations dont les plus importantes sont les suivantes :

1. La Conférence estime que la question du recrutement des membres et
de la propagande, dégagée des détails d'ordre technique qu'elle soulève, présente un caractère moral d'une importance primordiale puisqu'elle permet à
la Croix-Rouge de développer ses possibilités dans la plus large mesure, le
travail de propagande et de recrutement devant présenter un caractère ininter-
rompu et s'adresser indistinctement à toutes les fractions de la population.

2. La Conférence reconnaissant que les méthodes employées par les différents pays sont jugées par les Croix-Rouges nationales comme les plus propres
à assurer le recrutement et à développer l'action charitable de la Croix-Rouge,
estimant d'autre part qu'il y a grand intérêt à des échanges de vues sur les
méthodes employées par les Croix-Rouges nationales, juge éminemment utiles
des réunions officieuses analogues à celles du 6 et 7 juillet, et émet le vœu que
le secrétariat de la Ligue saisisse toute occasion possible pour favoriser les
réunions de ce genre.

3. La Conférence préconise la préparation par la Ligue de brefs résumés
indiquant les résultats obtenus par les différents pays. Ces résumés pourront
être accompagnés de commentaires sur certaines méthodes. Ils seront communiqués aux sociétés nationales, autant que possible dans la langue du pays
intéressé.

4. Le moyen le plus efficace de recrutement et de propagande consiste dans l'action même du Comité Central de la Croix-Rouge nationale et dans l'effort personnel de ses membres et des personnes chargées par lui du travail proprement dit.

5. La Conférence rappelle que les méthodes de propagande employées peuvent être classées comme suit :

a) Propagande individuelle : visites, causeries, conférences, diffusions radiophoniques, etc.

b) Propagande par la presse : brochures, tracts, articles, cahiers scolaires, etc.

c) Propagande visuelle : affiches, cartes postales, calendriers, films, expositions, etc.

Sections techniques. — *Section des secours.* — Cette section doit toujours être prête à prendre les mesures nécessaires pour faire face en tout temps, aux situations créées par les désastres. Elle doit également aider à l'organisation des mesures de secours en provoquant une collaboration internationale avec les Croix-Rouges intéressées. C'est là son devoir permanent, mais elle doit aussi être prête à aider les sociétés nationales à développer leur propre organisation, agir comme centre d'information en ce qui concerne les problèmes techniques relatifs à la prévention des désastres et à l'organisation des secours, faciliter un échange d'expérience entre les sociétés de la Croix-Rouge et enfin fournir une étude sérieuse des situations causées par les sinistres, et des méthodes employées pour y porter secours.

Les plans à tracer pour le développement de ces activités qui pourront être confiées à la Ligue par l'Union internationale de Secours, une fois constituée, demanderont aussi une étude attentive. Quelques-uns des problèmes très complexes et très délicats qui auront à être examinés, de ce chef, sont esquissés dans le rapport spécial préparé par le secrétariat pour la XIIIe Conférence internationale de la Croix-Rouge. D'autres seront sans doute apportés devant la conférence spéciale qui aura à considérer la question du fonctionnement de l'Union dans son ensemble, du point de vue de la Croix-Rouge, avant que le mécanisme de l'Union puisse être mis réellement en mouvement.

Au fur et à mesure que les occasions surgiront, des visites seront faites aux sociétés de la Croix-Rouge afin d'étudier la possibilité d'une organisation de secours dans chaque pays. De même, les sociétés seront invitées à envoyer des membres de leur personnel au siège central de la Ligue, en vue d'étudier en commun des mesures et des plans de secours.

Tous les efforts possibles seront faits par la section en vue d'obtenir des informations concernant les désastres et les activités de secours, soit des sociétés, soit des personnes qu'elles pourraient désigner à cet effet. Puisqu'on a proposé aux sociétés de nommer des experts pour collaborer avec le secrétariat de la Ligue, elles seront spécialement invitées à examiner la possibilité de désigner dans ce but des experts en matière de secours.

Il a été convenu qu'après la XIIIe Conférence internationale de la Croix-Rouge et la réunion en 1928 du Conseil des Gouverneurs, la Ligue et le Comité international de la Croix-Rouge étudieraient les mesures à prendre pour obtenir des signatures additionnelles à la Convention de l'Union internationale ou des ratifications nouvelles de cette convention et fournir aux sociétés nationales les informations destinées à leur permettre d'aborder cette question avec leurs gouvernements respectifs. Afin de faciliter les décisions du conseil général de l'Union, quand on aura obtenu le nombre de ratifications nécessaires pour en permettre la constitution, la Ligue et le Comité international essaieront d'établir pour l'Union un projet de règlement indiquant tout spécialement la ligne de conduite devant être suivie par les services, tant actifs que techniques, pour organiser des mesures pratiques de secours.

Section de la Croix-Rouge de la Jeunesse. — On a déjà mentionné l'idée d'une conférence spéciale de la Croix-Rouge de la Jeunesse à tenir en 1929. Si le Conseil des Gouverneurs approuve cette proposition, le secrétariat convoquera pour juillet 1929, à Genève, une réunion des délégués de toutes les sections de la jeunesse des sociétés nationales. Cette réunion sera combinée, si possible, avec la conférence sur le problème de la correspondance interscolaire que l'Institut international de coopération intellectuelle projette de convoquer.

Dans la préparation de la Conférence, la section a prévu une étude préliminaire attentive des méthodes actuellement suivies pour l'échange de correspondance interscolaire, ainsi que des problèmes concernant l'amélioration des matériaux employés, le nombre des échanges et la meilleure utilisation possible des avantages offerts par cette correspondance. La Ligue a pu, par faveur spéciale, prier M. Sackett, élève diplômé de Teachers' College (Université de Colombia), d'entreprendre cette étude. M. Sackett qui a commencé son étude par une enquête préliminaire aux États-Unis, passera la première moitié de 1929 en Europe. Il travaillera au siège central de la Ligue ainsi qu'auprès de diverses sociétés nationales afin de préparer un rapport complet qui puisse servir de base aux discussions de la Conférence de Genève.

La collaboration des organisations de professeurs a été précieuse pour le développement national et international de la Croix-Rouge de la Jeunesse. La section propose donc de maintenir un contact étroit avec les associations pédagogiques internationales les plus importantes, en particulier avec la Fédération universelle des Associations de l'Enseignement qui aura sa session à Genève en juillet 1929, et avec la Fédération internationale de professeurs de l'Enseignement secondaire. Le Bureau international d'Éducation à Genève, a eu l'amabilité d'offrir sa collaboration en maintes occasions, et a décidé d'aider à la préparation de la Conférence en 1929.

Parmi les projets spéciaux de la section pour 1929, figure la préparation d'un manuel des activités de la Croix-Rouge de la Jeunesse dont le besoin se fait sentir depuis longtemps et qui a été souvent demandé par les sections de la Croix-Rouge de la Jeunesse des sociétés nationales.

Nous envisageons, en outre, la publication d'une nouvelle affiche de caractère symbolique, propre à être distribuée dans tous les pays. La division poursuivra la préparation et la distribution de ses articles destinés aux rédacteurs et des extraits de traductions de revues de la Croix-Rouge de la Jeunesse. Elle espère également pouvoir préparer un nouveau matériel d'exposition.

Un des aspects du programme de la Croix-Rouge de la Jeunesse qui n'a pas encore reçu une attention suffisante, est la question générale de l'œuvre d'hygiène convenant à ses membres et la participation des groupes de la jeunesse au programme général d'hygiène de leurs sociétés. On propose de prêter une attention spéciale à cette question en 1929, avec la collaboration de la section d'hygiène et des directeurs d'un certain nombre de sections de la jeunesse des sociétés nationales.

Un autre projet à l'étude est l'organisation d'une réunion internationale de la jeunesse, probablement à l'occasion de la prochaine Conférence régionale de l'Europe centrale et orientale. Cette réunion de juniors, élèves d'écoles secondaires, constituerait une contribution intéressante et importante au développement futur des aspects internationaux du mouvement de la Croix-Rouge de la Jeunesse.

Section d'hygiène. — Comme dans les années précédentes, la section continuera à exercer ses fonctions normales : centre d'information pour les questions d'hygiène ; bureau pour l'étude technique des problèmes d'hygiène présentant un intérêt spécial pour la Croix-Rouge ; organe de coordination entre le programme d'hygiène de la Croix-Rouge et celui d'autres organismes internationaux importants. Parmi les tâches spéciales à accomplir en 1929, on relève les suivantes :

a) Mention a déjà été faite de la conférence spéciale sur les questions affectant le bien-être du marin que l'on propose de convoquer pour 1920. Le Comité technique nommé, suivant les décisions de la Conférence d'Oslo, est en train de préparer le plan de cette conférence qui sera convoquée conjointement par

le Comité technique, la Ligue, l'Union internationale contre le Péril vénérien
et certaines sociétés importantes qui s'occupent du bien-être du marin.

b) L'étude de la tuberculose demandée par l'Office international d'Hygiène
publique sera continuée. Une analyse de l'action actuelle des sociétés nationales contre la tuberculose a été faite et on propose de la publier au courant
de l'année. On espère intéresser d'autres sociétés de la Croix-Rouge ou d'autres
organismes à entreprendre des enquêtes spéciales semblables à celle qui se fait
actuellement à Milan, dans le but de contribuer à réduire les cas de tuberculose
parmi les travailleurs industriels.

c) Une des clauses de l'accord conclu récemment entre la Ligue et l'Union
internationale contre le Péril vénérien donne mandat à la Ligue de s'occuper
spécialement de questions d'hygiène pré-natale et de prophylaxie de l'enfance.
Une étude spéciale sur ces questions est en préparation.

d) La collaboration avec l'Union internationale contre la tuberculose continuera sur les mêmes bases que par le passé. La section restera également en
contact avec d'autres organismes internationaux tels que le Comité d'hygiène
de la Société des Nations, la Section d'hygiène industrielle du Bureau international du Travail, le Comité de protection de l'enfance de la Société des
Nations, l'Office international d'hygiène, le Bureau d'hygiène de l'Union
panaméricaine, ainsi que d'autres associations internationales privées.

e) La section continuera sa coopération avec la société américaine de prophylaxie de la cécité afin de préparer l'organisation d'une association internationale qui servira d'agent de liaison entre les associations nationales déjà
en fonctions. Une deuxième édition de l'étude de ces problèmes est en préparation et l'on espère pouvoir mettre à profit l'occasion du Congrès international
d'ophtalmologie qui se tiendra à Amsterdam en 1929, pour faire des progrès
définitifs dans ce sens.

f) La section a en vue la préparation ultérieure d'un certain nombre d'études
spéciales, à savoir : une étude de l'organisation scolaire en rapport avec la lutte
antituberculeuse, et une étude du programme d'hygiène de la Croix-Rouge
de la Jeunesse. Elle prépare une collaboration avec la Croix-Rouge lettone
pour l'établissement d'un service hospitalier scolaire et avec la Croix-Rouge
esthonienne pour le développement des colonies de vacances d'enfants. Le développement de la collaboration avec les sociétés de l'Amérique du Sud pour
l'exécution de leurs plans en matière d'hygiène est également un problème
important qui provoquera la préparation d'études, de brochures, etc. en
espagnol. Il sera peut-être nécessaire de s'assurer les services temporaires d'un
collaborateur supplémentaire dans ce but.

Section des infirmières. — Le programme de la section des infirmières a été l'objet d'une étude spéciale faite lors d'une réunion
officieuse des délégués des services d'infirmières de la Croix-Rouge
tenue à Paris en juillet 1928. La section y a soumis un aperçu de ses
plans, et, après mûre délibération, les recommandations suivantes
ont été proposées :

I

« Le Comité des infirmières déléguées, réunies au siège de la Ligue des
Sociétés de la Croix-Rouge, le 4 juillet 1928, est arrivé, après un échange de
vues prolongé, à la conclusion unanime que la section des infirmières a rendu
les plus grands services à la cause du nursing, au sein de la Croix-Rouge, par

a) L'organisation des cours internationaux de Bedford College et du College
of Nursing.

b) La documentation réunie au secrétariat.

c) Les visites faites par la directrice de la section aux Croix-Rouges des différents pays.

d) Les réunions périodiques de déléguées étudiant en commun les problèmes se rattachant au nursing.

« Le Comité estime qu'une impulsion nouvelle serait donnée par l'organisation d'une représentation permanente et méthodique des infirmières de la Croix-Rouge.

A cet effet recommande :

1. La nomination, par le Conseil des Gouverneurs, d'un Comité consultatif restreint composé d'infirmières de la Croix-Rouge, qui agirait comme conseil de la section des infirmières. Ce Comité consultatif se réunirait, si possible, tous les ans et étudierait notamment les problèmes se rattachant à l'enseignement des infirmières de la Croix-Rouge et aux activités dans lesquelles elles sont engagées.

La réunion des infirmières déléguées a jugé que le choix des membres du Comité consultatif devait être fait en tenant compte des groupements ethniques et du degré de développement des organisations d'infirmières dans les différents pays :

a) Pays de langue anglaise : Miss Fox (Croix-Rouge américaine).

b) Pays de langue latine : Marquise di Targiani Giunti (Croix-Rouge italienne).

c) Pays de langue allemande : Frau Oberin von Freyhold (Croix-Rouge allemande).

d) Pays en voie d'organisation : Mlle Messolora (Croix-Rouge hellénique).

e) Pays de l'Europe centrale : Mme de Ibranyi (Croix-Rouge hongroise).

f) Pays de l'Orient : Miss Wu (Croix-Rouge chinoise).

Le Comité comprendrait d'office une déléguée du Comité international de la Croix-Rouge.

Une représentante du pays dans lequel le Comité consultatif tiendra sa réunion.

2. L'adjonction à titre d'experts et en raison de leur haute compétence technique de déléguées du Conseil International des Infirmières qui apporteraient leur concours au Comité consultatif.

3. La réunion d'une assemblée générale d'infirmières, déléguées par toutes les Croix-Rouges nationales, qui se tiendrait dans le même lieu et à la même date que la Conférence Internationale de la Croix-Rouge.

II

En raison des services inappréciables rendus à la cause du nursing par le Cours Internationaux organisés à Londres, Bedford College et College of Nursing, par la section des infirmières de la Ligue des Sociétés de la Croix-Rouge et malgré la dépense qui en résulte, le Comité des infirmières déléguées recommande instamment que les cours soient continués et développés et souhaite que les sociétés nationales de la Croix-Rouge y envoient comme élèves les infirmières les plus qualifiées pour profiter de l'enseignement donné et appliquer dans leurs pays respectifs les principes reçus, compte tenu des contingences locales.

III

En raison de l'aide que constitue pour les Croix-Rouges nationales l'appui donné par la Ligue à l'organisation d'écoles d'infirmières de la Croix-Rouge dans les pays qui en sont dépourvus, le Comité recommande que tous moyens soient donnés à la section des infirmières pour répondre aux demandes qui lui sont adressées en ce qui concerne l'organisation de l'enseignement.

1. Par des bourses permettant aux élèves de ces pays d'acquérir **une formation** complète d'infirmière dans des écoles ayant fait déjà leurs preuves ;

2. Par l'envoi d'infirmières expérimentées pouvant aider à la création d'écoles nationales ;

3. Par des facilités données aux infirmières désireuses d'obtenir des connaissances complémentaires, qui voudraient faire, avec l'autorisation de leur Croix-Rouge nationale et sous le contrôle de la section des infirmières de la Ligue, des séjours d'études dans des pays étrangers.

IV

En raison de l'intérêt que présentent les réunions internationales où sont étudiées les questions concernant l'hygiène et la santé publique, le Comité recommande aux sociétés nationales de favoriser la participation d'infirmières qualifiées aux réunions internationales d'intérêt professionnel et recommande que la Ligue puisse disposer de moyens lui permettant d'aider les infirmières que leurs Croix-Rouges nationales ne pourraient envoyer à ces réunions, en particulier les anciennes élèves des cours internationaux.

V

Le Comité des infirmières déléguées, après avoir pris connaissance du rapport préparé par la section des infirmières de la Ligue, estime que la documentation réunie offre un intérêt considérable et apporte une contribution des plus utiles à la diffusion des résultats du travail accompli en temps de paix par la Croix-Rouge et les infirmières, en conséquence,

Recommande :

Que ce rapport dûment complété par celui établi par la déléguée du Comité international de la Croix-Rouge, en ce qui concerne le rôle de la Croix-Rouge en temps de guerre, fasse l'objet d'une publication commune aux deux rapports, qui donnerait une idée complète du magnifique effort réalisé sous le signe de la Croix-Rouge, pour l'amélioration de la santé et la diminution de la souffrance dans le monde.

La discussion du rapport sur les activités des sociétés de la Croix-Rouge dans le domaine du nursing préparé par la section des infirmières, a eu pour résultat les recommandations suivantes élaborées en commun par la réunion et par Mme Chaponnière-Chaix et qui forment la conclusion de ce rapport :

1. Encourager les sociétés de la Croix-Rouge à constituer dans leurs pays respectifs une section d'infirmières, présidée par une infirmière qui devra collaborer à l'organisation de tout ce qui concerne les infirmières : écoles, enrôlement, services, inspection.

2. Encourager, dans les pays où le besoin s'en fait sentir, la création d'écoles d'infirmières de la Croix-Rouge, dont le recrutement et les programmes devront tendre à élever à un haut degré le niveau professionnel et moral des infirmières.

3. Encourager l'institution des cours spéciaux, préparant les infirmières aux fonctions de direction, d'administration, d'enseignement et d'infirmières visiteuses (public health nurses).

4. Encourager le développement des services d'infirmières visiteuses (public health nurses) en raison des résultats obtenus par ces services :

a) Diffusion des notions d'hygiène.

b) Prévention des maux sociaux.

c) Mieux-être de toutes les classes de la population ce qui répond à la mission de la Croix-Rouge en temps de paix.

5. Encourager l'enseignement populaire de l'hygiène : les soins d'urgence, la prophylaxie des maladies contagieuses, la puériculture, au moyen de leçons

élémentaires données par des infirmières qualifiées, notamment à des groupements, tels que : employées, ouvrières, travailleuses rurales, etc., etc.

6. Étudier les moyens d'améliorer la situation des infirmières en ce qui concerne les conditions de leur travail : heures de service, vacances, maladies, traitement ; leur logement : fondation de foyers, maisons de vacances ; leur vieillesse : assurance d'invalidité, de retraite, maisons de retraite.

7. Autoriser la section des infirmières de la Ligue et son Comité consultatif à étudier, en collaboration avec le Comité international de la Croix-Rouge, les meilleurs moyens pour procéder à l'enrôlement des infirmières diplômées et pour recruter et former des auxiliaires destinées à seconder les infirmières diplômées. Ce personnel : infirmières et auxiliaires, formerait un corps hiérarchisé et discipliné prêt à répondre, dans chaque pays, à tous les appels de la société de la Croix-Rouge et à coopérer en cas de besoin, à l'entr'aide internationale de concert avec les autres services de la Croix-Rouge.

Si le Conseil des Gouverneurs jugeait bon d'approuver ces recommandations, la section des infirmières prendrait les principes qu'elles contiennent comme base de son action. En dehors de la continuation des cours internationaux pour infirmières de Bedford College, la section espère pouvoir développer de nouveaux moyens d'instituer des cours complets pour les élèves venant de pays qui ne possèdent pas encore d'écoles d'infirmières, ainsi que des cours spéciaux pour les infirmières de la Croix-Rouge envoyées par les sociétés nationales. Elle espère surtout trouver des fonds qui lui permettront de réaliser les plans actuellement à l'étude pour le développement de la formation des infirmières et des services d'infirmières des sociétés de la Croix-Rouge en Amérique latine.

La section restera en contact avec l'œuvre des services d'infirmières des sociétés nationales par l'échange de visites et de correspondance et fournira toute information y ayant trait qui peut être demandée par les sociétés nationales. Si le Conseil des Gouverneurs approuve la constitution d'un petit Comité consultatif d'infirmières de la Croix-Rouge, on projette la convocation de ce Comité en 1929, pour préparer les plans d'une réunion générale d'infirmières de la Croix-Rouge qui se tiendra probablement à l'occasion de la prochaine réunion du Conseil des Gouverneurs.

Section de l'émigration. — Au cours de ses récentes réunions, le Comité exécutif s'est posé la question de savoir si les activités des sociétés de la Croix-Rouge en ce qui concerne le bien-être des émigrants et des immigrants, justifiaient le maintien d'une section distincte au secrétariat de la Ligue. Il a été décidé d'inviter le Conseil des Gouverneurs à étudier cette question. L'opinion du Comité exécutif semble être que l'étude des questions d'hygiène et de bien-être touchant l'émigration ne doit en aucune façon être négligée par le secrétariat, mais que ses perspectives de développement ne sont pas suffi-

santes pour justifier le maintien d'une section distincte. Le Conseil
des Gouverneurs peut donc vouloir étudier l'opportunité d'inviter
le secrétariat à supprimer la section d'émigration en tant qu'unité
séparée, et à décider que les études inaugurées par cette section soient
continuées sous la direction du conseiller d'hygiène publique internationale avec l'aide des différentes sections et services afin que les
renseignements utiles concernant les questions d'émigration puissent
être dûment transmises aux sociétés nationales intéressées.

Finances de la Ligue. — Un rapport séparé, soumis au Conseil
des Gouverneurs esquisse les prévisions budgétaires pour 1929.
Ces prévisions ont été basées sur la moyenne des dépenses au cours
des deux dernières années et impliquent simplement la continuation
des activités actuelles du secrétariat. Le compte rendu donné ci-dessus
des projets du secrétariat pour 1929, devrait suffire pour indiquer
le nombre et la variété des activités entreprises en vertu de mandats
conférés par le Conseil des Gouverneurs ou de demandes spéciales
des sociétés nationales. D'année en année, la tâche entreprise par le
secrétariat s'est accrue en importance et en variété. La limitation de
personnel et de fonds disponibles l'a obligé, dans bien des cas, à
refuser d'étendre son champ d'action, ou de fournir la collaboration
demandée par les sociétés nationales ou d'autres organismes. Il est
probable que ces demandes d'assistance augmenteront encore à
l'avenir et que le secrétariat se verra obligé de renoncer à bien des
possibilités d'action efficace si l'on ne trouve pas le moyen de mettre
plus de fonds à sa disposition.

Si les sociétés qui apprécient le travail de la Ligue pouvaient
marquer leur appui par une augmentation de leurs contributions, il
en résulterait un développement graduel des possibilités d'action que
la Ligue a devant elle. L'aide généreuse de la Croix-Rouge américaine
a rendu possible un programme minimum. Le caractère mondial du
mouvement de la Croix-Rouge et les activités croissantes des sociétés
nationales fourniront inévitablement au secrétariat de plus nombreuses
occasions de rendre service à toutes les sociétés. Le programme actuel
de la Ligue doit par conséquent être considéré comme un minimum,
si les sociétés nationales désirent le maintenir sur une base compatible avec le développement récent du mouvement de la Croix-Rouge
dans son ensemble. Au cours des cinq dernières années, plus des
trois-quarts des dépenses ordinaires de la Ligue ont été couverts
par les contributions d'une seule société. Et pourtant les ressources
de cette société comparées avec celles des sociétés de la Croix-Rouge
du monde entier sont loin d'atteindre une proportion semblable.

Si les autres sociétés voulaient augmenter leurs contributions de façon à participer aux dépenses de la Ligue au même degré que la Croix-Rouge américaine et proportionnellement à leurs ressources respectives, les fonds disponibles pour l'œuvre de la Ligue seraient considérablement accrus, et l'évolution normale ainsi que le développement de son action seraient assurés. Mais il doit être clairement entendu que la Ligue ne peut aspirer à exercer efficacement une action plus étendue que dans la mesure où les sociétés de la Croix-Rouge trouveront le moyen d'accroître les ressources mises à sa disposition en augmentant leurs contributions.

RAPPORTS DU COMITÉ EXÉCUTIF
ET DU SECRÉTAIRE GÉNÉRAL
PRÉSENTÉS AU CONSEIL DES GOUVERNEURS

Par mesure d'économie, on a broché dans ce volume, au lieu d'en faire une nouvelle impression, le rapport suivant qui avait été soumis séparément au Conseil des Gouverneurs et dont il restait un certain nombre d'exemplaires au secrétariat. La numérotation des pages n'ayant pu être changée, on a imprimé en italique dans la table des matières les chiffres renvoyant à ces pages.

RAPPORT DU COMITÉ EXÉCUTIF

1" juin 1927 au 1" juillet 1928

Le Comité exécutif désigné par le Conseil des Gouverneurs dans sa réunion de mai 1927 était constitué comme suit : le président et les trois vice-présidents du Conseil des Gouverneurs, et six membres représentant les Croix-Rouges britannique, colombienne, française, hellénique, italienne et tchécoslovaque.

Le Comité ainsi constitué a tenu ses réunions trimestrielles aux dates suivantes :

Pour le troisième trimestre de 1927, le 30 septembre 1927.
Pour le quatrième trimestre de 1927, le 1er octobre 1927.
Pour le premier trimestre de 1928, le 31 mars 1928.

La réunion du Comité exécutif pour le second trimestre de 1928 avait été convoquée pour le 2 avril 1928 ; mais il fut décidé de traiter les questions inscrites à l'ordre du jour de cette réunion dans la session du 31 mars, afin de permettre à certains membres du Comité exécutif de se rendre à Genève pour assister aux obsèques du regretté Gustave Ador.

Dans les sessions précitées, le Comité exécutif a entendu les rapports de la Commission permanente des Finances, du vice-président en exercice et du secrétaire général.

Les résolutions adoptées, ainsi qu'un compte rendu des séances, ont été communiqués à la suite de chaque réunion aux membres du Conseil des Gouverneurs, ainsi qu'au président de chaque société nationale membre de la Ligue.

Le Conseil des Gouverneurs aura l'occasion, dans sa réunion
d'octobre 1928, de recevoir du vice-président en exercice un rapport
détaillé sur le résultat des négociations entreprises par lui avec l'autorisation du Comité exécutif, en vue d'aboutir au règlement de la
question de l'organisation internationale de la Croix-Rouge. A la
date du 11 mai 1928, un projet de statuts de la Croix-Rouge internationale a été signé conjointement par M. Max Huber, président
du Comité international de la Croix-Rouge, et le colonel Draudt,
vice-président en exercice de la Ligue des Sociétés de la Croix-Rouge.
Ce projet a été immédiatement porté à la connaissance des membres
du Comité exécutif qui ont voté à l'unanimité la résolution suivante :

« Les Membres du Comité exécutif de la Ligue des Sociétés de la
Croix-Rouge,

« Ayant pris connaissance de l'accord intervenu entre le Colonel
P. Draudt, vice-président du Conseil des Gouverneurs de la Ligue des
Sociétés de la Croix-Rouge et le Professeur Max Huber, vice-président du Comité international cde la Croix-Rouge, relatif au futur
statut de la Croix-Rouge internationale ;

« Ayant pris acte de la lettre par laquelle le Comité international
de la Croix-Rouge fait connaître son adhésion au projet, et estimant
avec lui que seules des concessions mutuelles ont permis l'établissement de cet accord.

« Expriment leurs plus vives félicitations au Colonel Draudt et
à M. Max Huber pour le grand dévouement et la haute compréhension dont ils ont fait preuve dans l'accomplissement de leur difficile
mandat, et constatent avec reconnaissance l'esprit de collaboration
qui a animé le Comité international de la Croix-Rouge au cours des
récentes négociations ;

« Apportent leur adhésion la plus complète au projet d'accord et
considèrent qu'il résout de la façon la plus heureuse les problèmes qui
ont fait jusqu'ici l'objet de graves soucis dans le monde de la Croix-
Rouge.

« Prient le Colonel Draudt dé communiquer, au nom du Comité
exécutif, la présente résolution, ainsi que le texte du projet aux
membres du Conseil des Gouverneurs ;

« Expriment le vœu que l'examen de ce projet soit inscrit à l'ordre
du jour du prochain Conseil des Gouverneurs de la Ligue ;

« Recommandent aux membres du Conseil des Gouverneurs de
saisir de ce projet leurs sociétés respectives, afin d'obtenir leur adhé-

sion et pour leur permettre de donner à leurs représentants au Conseil des Gouverneurs et à la XIIIe Conférence internationale les instructions nécessaires ;

« Saluent dans l'accord qui leur est présenté l'heureux aboutissement de longues années d'efforts et y voient le noyau de l'unité future de la Croix-Rouge internationale. »

Conformément à cette résolution, le projet de statuts du 11 mai a été communiqué à tous les membres du Conseil des Gouverneurs, afin de leur permettre de l'étudier et de recevoir à ce sujet les instructions de leurs sociétés nationales respectives, avant la réunion du Conseil, en octobre.

Le Comité exécutif est persuadé que ce projet permettra d'aboutir à un règlement acceptable pour tous, et que les décisions prises à cet égard par le Conseil des Gouverneurs et par la XIIIe Conférence internationale de la Croix-Rouge donneront ainsi une nouvelle impulsion à l'action de la Croix-Rouge dans tous les différents domaines qui lui appartiennent.

Il résulte des termes mêmes du projet élaboré conjointement par M. M. Max Huber et Draudt que le Conseil des Gouverneurs, s'il l'approuve, sera également appelé à envisager l'amendement des statuts de la Ligue, afin de rendre ceux-ci conformes aux futurs statuts de la Croix-Rouge internationale. Dans ces conditions, le Comité exécutif a autorisé la préparation d'un projet d'amendements qui sera présenté en son nom au Conseil des Gouverneurs.

Le Comité exécutif a soigneusement étudié la situation qui résulterait pour la Ligue de l'adoption de ces amendements et de l'acceptation des dispositions prévues dans le projet du 11 mai. Il considère que les auteurs du projet qui est destiné à consacrer l'unité de la Croix-Rouge ont su sauvegarder la liberté et les justes prérogatives de la Ligue des Sociétés de la Croix-Rouge, comme celles du Comité international et des sociétés nationales.

Le Comité exécutif a autorisé le secrétaire général de la Ligue à annexer au présent rapport son rapport général sur l'activité de la Ligue depuis l'époque à laquelle il a assumé les responsabilités de son poste.

Le Conseil des Gouverneurs relèvera sans doute avec la même satisfaction que le Comité exécutif les indications que donne ce rapport sur l'utilité croissante de l'organisation de la Ligue.

Nous croyons devoir attirer plus particulièrement l'attention du Conseil sur le progrès satisfaisant qui a été réalisé vers la constitution définitive de l'Union internationale de Secours, et dans les préparations faites par le Secrétariat de la Ligue en vue de contribuer au travail efficace de l'Union, une fois que celle-ci aura pris forme.

Le Comité exécutif espère que le Conseil des Gouverneurs, en étudiant les propositions du secrétaire général pour l'année 1929, tiendra compte du fait que le retour du monde à un état de choses plus normal après dix années de paix, devra permettre à la Ligue comme aux autres organes tant nationaux qu'internationaux de la Croix-Rouge, de stabiliser son programme et de poursuivre des buts nécessitant un travail de longue haleine.

Dans cet ordre d'idées, le Comité exécutif a cru devoir réserver à l'appréciation du Conseil un certain nombre de questions qu'il a été appelé à prendre en considération, à plusieurs reprises, dans le courant de l'année qui vient de s'écouler. Il s'agit, en premier lieu, de la question des rapports de la Ligue avec d'autres grandes organisations internationales dont le programme est parallèle, sur certains points, à celui de la Croix-Rouge. Le principe de la collaboration de la Ligue avec ces organisations est depuis longtemps acquis ; mais le travail du Comité exécutif serait grandement facilité si le Conseil des Gouverneurs pouvait préciser davantage son point de vue quant aux modalités de cette collaboration et l'étendue des responsabilités du Secrétariat à cet égard.

Nous croyons également de notre devoir d'attirer l'attention du Conseil des Gouverneurs sur une question qui l'a déjà précocupé lors de sa réunion de mai 1927. Il s'agit de la constitution d'un Conseil d'Experts susceptibles de donner à la Ligue le concours technique dont elle peut avoir besoin pour que son Secrétariat puisse apporter une aide utile aux différentes sociétés nationales dans la solution de problèmes particulièrement compliqués. L'autorisation donnée par le Conseil des Gouverneurs au Comité exécutif en 1927 de procéder à la désignation de membres de ce Conseil d'Experts a donné lieu à l'élaboration d'une série de projets et à un échange de vues avec les sociétés nationales, qui a révélé combien ce problème est difficile et délicat. Dans ces conditions, nous avons trouvé préférable de le soumettre à nouveau à l'appréciation du Conseil des Gouverneurs avant de prendre à ce sujet une décision définitive.

En terminant ce rapport, le Comité exécutif désire exprimer une fois de plus au vice-président en exercice et au secrétaire général ses remerciements et ses félicitations pour le travail accompli depuis qu'ils sont entrés en fonctions. L'activité infiniment fructueuse du Colonel Draudt a reçu l'adhésion totale et l'appui précieux de ses deux collègues à la vice-présidence. L'un d'eux, M. Kawai, s'est malheureusement trouvé dans la nécessité de donner sa démission au mois de juin 1928, ses occupations diplomatiques ne lui permettant plus d'accorder à la Ligue les services dévoués qu'il lui a prodigués dans le passé.

Les membres du Comité exécutif seraient également heureux de témoigner à leur président, l'Honorable John Barton Payne, la nouvelle assurance de leur reconnaissance pour les sages conseils et la collaboration qu'il leur a apportés pendant l'année écoulée, malgré que la distance l'ait empêché de participer personnellement à leurs réunions.

RAPPORT DU SECRÉTAIRE GÉNÉRAL

(1ᵉʳ janvier 1927 — 3o juin 1928)

I.

RÉUNIONS DU COMITÉ EXÉCUTIF
ET DU CONSEIL DES GOUVERNEURS

La *première* réunion trimestrielle du Comité exécutif, pour l'année 1927, s'est tenue le 15 mars sous la présidence du M. Ernest P. Bicknell, représentant M. John Barton Payne. Au cours de cette le réunion, le Comité a :

1° Approuvé le projet de son rapport annuel au Conseil des Gouverneurs ;

2° Étudié la question de la nomination d'un directeur général de la Ligue en remplacement de Sir Claude Hill ;

2° Exprimé son appréciation des mesures prises par le secrétariat de la Ligue en vue de l'organisation de la deuxième Conférence des Sociétés de la Croix-Rouge de l'Extrême-Orient ;

4° Discuté le projet d'ordre du jour pour la réunion du Conseil des Gouverneurs (mai 1927) ;

5° Examiné les résolutions adoptées par la Conférence de Berne, recommandé :

a) que ces résolutions soient considérées comme une base préliminaire pour arriver à l'unification désirée de la Croix-Rouge internationale ;

b) que des délégués de la Ligue entrent en pourparlers avec des délégués du Comité international afin de discuter officieusement les bases d'un accord ;

c) que le Conseil des **Gouverneurs** apporte aux statuts de la Ligue les amendements nécessaires afin de permettre la fusion des assemblées générales de la Ligue et des conférences internationales de la Croix-Rouge.

6° Étudié les propositions relatives aux fonctions et à la constitution des Comités consultatifs de la Ligue.

La *deuxième* réunion trimestrielle, tenue le 3 mai 1927, immédiatement avant l'assemblée du Conseil des Gouverneurs, a été presque exclusivement consacrée à la préparation définitive de l'ordre du jour et à l'élaboration des propositions devant être soumises au Conseil des Gouverneurs.

Les délibérations du Conseil, au cours de sa session de mai 1927, ont surtout eu trait à deux questions principales : réorganisation de la Croix-Rouge internationale et situation résultant de la démission de Sir Claude Hill. Après avoir étudié la première de ces questions, le Conseil a adopté la résolution suivante :

« Une conférence internationale unifiée sera convoquée tous les quatre ans ; elle possédera des pouvoirs délibératifs. Toutefois, elle ne pourra prendre aucune action affectant les statuts et l'organisation du Comité international ou de la Ligue. Toutefois, les statuts du Comité international et de la Ligue seront soumis à la Conférence internationale pour examen et enregistrement.

Le Conseil des Gouverneurs de la Ligue se réunira en session régulière tous les deux ans. Le Comité exécutif garde le droit de convoquer des sessions extraordinaires du Conseil.

Une session sur deux du Conseil des Gouverneurs fera partie de la Conférence internationale. Dans les autres sessions, le Conseil ne prendra de décision sur aucun objet étranger au programme de paix de la Ligue des Sociétés de la Croix-Rouge.

Le Comité exécutif de la Ligue sera composé de neuf ou dix membres et exercera les pouvoirs conférés au Conseil des Gouverneurs dans l'intervalle des sessions de celui-ci. Il siégera en principe trois fois par an.

Un Conseil, composé de neuf membres, nommé par la Conférence internationale ainsi qu'il est prévu dans les dispositions de Berne, sera chargé de préparer l'ordre du jour des conférences internationales, de convoquer celles-ci, enfin d'examiner et de trancher les questions qui lui seraient soumises relativement aux conflits ou aux divergences survenant entre le Comité international et la Ligue. Ce Conseil se réunira à Genève. Son bureau et ses membres ne recevront aucune indemnité.

Le Comité international et la Ligue gardent leur indépendance,
leur direction autonome, leurs statuts et leur règlement intérieur,
sauf en ce qui concerne les changements résultant des résolutions
précédentes. »

Le Conseil a voté des amendements aux statuts de la Ligue, amendements qui prévoient la suppression du poste de directeur général
et chargent le secrétaire général d'administrer le secrétariat sous la
direction du président du Conseil des Gouverneurs et sous la surveillance générale des trois vice-présidents choisis par lui parmi les
membres du Conseil. M. T. B. Kittredge a été désigné pour remplir les
fonctions de secrétaire général et le colonel Draudt, vice-président de
la Croix-Rouge allemande, a été nommé vice-président du Conseil des
Gouverneurs et chargé par le président de la surveillance générale des
travaux de la Ligue. Les deux autres vice-présidents élus ont été
M. Kawai, de la Croix-Rouge japonaise et M. Conill, de la Croix-Rouge
cubaine.

Le Comité exécutif a été reconstitué comme suit :

Hon. John Barton PAYNE, président.
Col. P. DRAUDT, M. H. KAWAI, M. E. CONILL, vice-présidents.
Sir Arthur STANLEY (Croix-Rouge britannique).
Prof. CALDERON (Croix-Rouge colombienne).
Dr Alice G. MASARYKOVA (Croix-Rouge tchécoslovaque).
M. Jean ATHANASAKI (Croix-Rouge hellénique).
S. E. M. le sénateur CIRAOLO, remplacé par la suite par
    S. E. M. PIOMARTA (Croix-Rouge italienne).
S. E. M. GEOFFRAY, remplacé par la suite par
M. THIÉBAUT (Croix-Rouge française).

et une nouvelle Commission des Finances a été formée des membres
suivants :

S. E. M. A. PANI (Croix-Rouge mexicaine).
M. VAN SLOOTEN AZN (Croix-Rouge néerlandaise).
Prof. Marco T. LECCO (Croix-Rouge du Roy. des Serbes, Croates
    et Slovènes).
S. A. le Prince CHAROON (Croix-Rouge siamoise).

Au cours de ses *troisième* et *quatrième* réunions trimestrielles, tenues
les 30 septembre et 1er octobre 1927, respectivement, le Comité exécutif a décidé :

« De donner au vice-président en exercice des instructions afin
que, d'accord avec le président et les autres vice-présidents :

a) Il poursuive les négociations qu'il jugera nécessaires avec le
Comité international de la Croix-Rouge et les sociétés nationales qui
n'ont pas voté les résolutions adoptées en mai 1927, afin d'éviter
toute interprétation erronée de ces résolutions, en insistant sur les

avantages qu'elles présentent en tant que base de la solution qui permettra de réaliser un accord définitif entre les parties intéressées avant l'assemblée de la XIIIe Conférence.

b) Il examine l'opportunité de demander aux présidents des sociétés nationales membres de la Ligue, d'adresser à la Croix-Rouge néerlandaise une pétition individuelle priant cette société de vouloir bien faire figurer à l'ordre du jour de la XIIIe Conférence, avec la question de l'organisation internationale de la Croix-Rouge, l'examen des résolutions adoptées par le Conseil des Gouverneurs en mai 1927.

c) Il recommande aux sociétés nationales de donner aux délégués qui doivent les représenter à la XIIIe Conférence des instructions conformes aux résolutions du Conseil des Gouverneurs. »

Le Comité a, de plus :

1º Approuvé la suggestion du Juge Payne et décidé que la prochaine réunion du Conseil des Gouverneurs se tiendrait à La Haye, immédiatement avant celle de la XIIIe Conférence internationale ;

2º Voté des recommandations relatives à la constitution d'un Conseil international des Experts et à la suppression du Conseil médical et du Comité consultatif des Infirmières ;

3º Autorisé le secrétaire général à s'adresser à la Croix-Rouge britannique pour s'assurer les services du général Champain, qui serait chargé de visiter au nom de la Ligue les sociétés de la Croix-Rouge d'Australie, de Nouvelle-Zélande et de l'Union sud-africaine.

4º Autorisé le directeur du bureau panaméricain à visiter certaines sociétés de la Croix-Rouge de l'Amérique centrale et de l'Amérique du Sud qui n'ont pas encore été visitées par un délégué de la Ligue ;

5º Invité M. Conill, vice-président du Conseil des Gouverneurs, à assister en qualité de délégué de la Ligue à la Conférence panaméricaine (La Havane, janvier 1928), et à entamer des pourparlers avec les délégués de l'Amérique Latine présents à cette Conférence en vue d'établir une collaboration plus effective entre le secrétariat de la Ligue et les sociétés de la Croix-Rouge de ces pays;

6º Approuvé les recommandations du vice-président et du secrétaire général en ce qui concerne les projets d'activités du secrétariat de la Ligue pour l'année 1928.

Les réunions du Comité exécutif pour les *premier* et *deuxième* trimestres de l'exercice 1928 se sont tenues le 31 mars ; elles ont été principalement consacrées à l'audition du rapport du vice-président sur ses négociations officieuses avec le Comité international de la Croix-Rouge et à la discussion de l'ordre du jour et des dispositions à prendre en vue de la réunion du Conseil des Gouverneurs qui doit se tenir en octobre 1928. Le Comité a en outre :

1º Autorisé le renouvellement du bail de l'immeuble occupé par le secrétariat de la Ligue à Paris et de celui du Foyer des infirmières, 15 Manchester Square, Londres ;

2º Pris connaissance du rapport de M. Conill sur sa participation à la Conférence de La Havane et de ses propositions relatives au développement des activités de la Ligue dans l'Amérique latine ;

3º Approuvé le rapport du secrétariat concernant la collaboration de la Ligue avec l'Office international d'Hygiène publique en vue de la lutte contre la tuberculose dans l'industrie ;

4º Autorisé l'envoi à Tirana d'un délégué chargé d'étudier la possibilité d'organiser l'école d'infirmières de la Croix-Rouge albanaise sur des bases solides et de consolider l'œuvre déjà accomplie ;

5º Autorisé la collaboration *officieuse* de la Ligue avec l'Office international de la Paix ;

6º Autorisé le secrétariat à poursuivre son étude relative à la possibilité d'établir une collaboration internationale en vue de la prophylaxie de la cécité ;

7º Approuvé la participation de la Ligue aux cérémonies organisées en commémoration du centenaire de Henri Dunant ;

8º Autorisé le versement, pour l'année 1928, de la somme de 3.000 francs suisses à titre de contribution à la publication de la revue *Matériaux pour l'Étude des Calamités*.

II.

COMMISSIONS, CONFÉRENCES, ETC.

1. COMMISSION DES FINANCES. — Au cours de sa réunion du 14 mars 1927, la commission a examiné le rapport financier de la Ligue pour l'exercice 1926 et recommandé que des économies soient réalisées pendant l'année 1927 afin de compenser les dépenses encourues dans l'organisation des trois conférences régionales tenues en 1926. Au cours de sa réunion du 30 septembre 1927, elle a approuvé le rapport financier pour l'exercice 1927 et établi le budget pour l'exercice 1928, budget qui a été voté par le Comité exécutif le 1er octobre 1927. Une troisième réunion de la Commission s'est tenue

le 30 mars 1928 et son rapport sur la situation financière de la Ligue,
au 1er janvier 1928, a été adopté par le Comité exécutif le 31 mars.

2. Conférences organisées sous les auspices de la Ligue.

a) *Conférence internationale de la Croix-Rouge de la Jeunesse pour les Éducateurs.* — Soixante-six délégués, représentant vingt-neuf sociétés nationales ont assisté à la Semaine internationale de la Croix-Rouge de la Jeunesse, qui a eu lieu à Bruxelles du 25 au 30 juillet 1927, sous les auspices de la Ligue en collaboration avec la Croix-Rouge belge. En raison du vif intérêt suscité par cette assemblée, on envisage l'organisation à Genève, en 1929, d'une conférence analogue qui sera chargée d'étudier notamment la question de la correspondance interscolaire.

b) *Deux conférences officieuses de la Croix-Rouge* se sont tenues au secrétariat de la Ligue à l'occasion de la Quinzaine internationale du Service social : la première de ces réunions, à laquelle ont assisté des infirmières éminentes des sociétés de la Croix-Rouge d'Allemagne, des États-Unis, de France, de Grande-Bretagne, d'Italie, de Lettonie, de Pologne, de Roumanie, de Tchécoslovaquie et du Comité international de la Croix-Rouge, a été consacrée à une discussion générale des problèmes ayant trait au « nursing » ; la deuxième, à laquelle étaient représentées les sociétés de la Croix-Rouge allemande, américaine, britannique, française, hongroise, italienne, japonaise, néerlandaise, tchécoslovaque, a procédé à un échange de vues sur les méthodes de propagande et de recrutement des membres.

c) *Comité permanent pour l'amélioration de l'hygiène dans la marine marchande.* — Le Comité permanent, constitué en 1926 conformément à une résolution adoptée par la Conférence d'Oslo pour l'amélioration de l'hygiène dans la marine marchande, et chargé d'établir un manuel médical universel, un coffre à médicaments à l'usage des bateaux ne possédant pas de médecin à bord, et un code international radiotélégraphique pour ces bateaux, s'est réuni pour la première fois au secrétariat de la Ligue le 18 février 1927. Une deuxième réunion a eu lieu le 8 novembre 1927. On se souviendra que la Ligue des Sociétés de la Croix-Rouge et le Bureau international du Travail ont été chargés par la Conférence d'Oslo, d'entreprendre conjointement les études nécessaires pour la réalisation des travaux mentionnés ci-dessus.

Le Secrétariat de la Ligue a, de plus, collaboré, à l'organisation des congrès suivants :

1. Conférence internationale du Service social. — Le Dr. Sand, conseiller technique de la Ligue, qui a rempli les fonctions de secrétaire général de cette conférence tenue à Paris, du 9 au 13 juillet, pendant la Quinzaine internationale du Service social, a largement contribué à son organisation. Plus de 3.000 délégués, représentant 44 pays, ont assisté aux séances de la conférence.

2. Congrès international de Protection de l'Enfance. — La Ligue figurait parmi les quatre institutions internationales qui ont collaboré à l'organisation de ce congrès, lequel faisait également partie de la Quinzaine internationale du Service social.

3. Congrès international des Hopitaux. — Sur l'invitation de l'« American Hospital Association », une réunion préliminaire, chargée de discuter l'organisation d'un Congrès international des Hôpitaux qui doit se réunir aux États-Unis en juin 1929, s'est tenue au secrétariat de la Ligue, à Paris, le 19 septembre 1927.

III.

RAPPORTS DE LA LIGUE AVEC LES ORGANISATIONS INTERNATIONALES

1. Comité international de la Croix-Rouge. — La collaboration établie antérieurement entre la Ligue et le Comité international de la Croix-Rouge a permis, pendant la période que couvre ce rapport, la discussion d'un certain nombre de questions importantes. En dehors de l'échange régulier de publications et de documents, des entrevues réunissant des membres du personnel de la Ligue et des délégués du Comité international ont eu lieu, particulièrement pour ce qui concerne l'étude de problèmes relatifs aux secours. A l'occasion des désastres survenus en Bulgarie et dans le Liechtenstein, le Comité et la Ligue ont lancé conjointement des appels en faveur des victimes et la situation créée par d'autres désastres a également été étudiée par les deux organisations, notamment dans le cas des réfugiés arméniens, de la famine en Albanie et des possibilités d'une intervention de la Croix-Rouge en Chine.

Le Comité international a été invité à prendre part aux expositions que le secrétariat de la Ligue a organisées à Varsovie lors du Congrès international de médecine et de pharmacie militaires, à Paris pendant la Quinzaine du Service social et à Bruxelles à l'occasion de la Semaine de la Croix-Rouge de la Jeunesse. Des délégués du Comité ont assisté aux réunions officieuses tenues à Paris en juillet 1928 en vue de discuter des questions relatives au nursing et à la propa-

gande. Le secrétariat de la Ligue a également collaboré avec des
membres du Comité à la préparation d'un article sur la Croix-Rouge
qui doit figurer dans la prochaine édition de l'encyclopédie britannique.

La Ligue a été représentée aux obsèques de M. Gustave Ador
en 1928 ainsi qu'aux cérémonies du centenaire de Henri Dunant,
organisées par la section de Genève de la Croix-Rouge suisse.

Les conversations échangées entre le vice-président en exercice de
la Ligue et le président du Comité international au sujet des relations
futures des deux institutions feront l'objet d'un rapport spécial qui
sera présenté au Conseil des Gouverneurs par le vice-président en
exercice.

2. Société des Nations :

a) *Projet Ciraolo.* — Une Conférence diplomatique spéciale, convoquée par la Société des Nations, s'est réunie à Genève le 4 juillet 1927
en vue de la création d'une Union internationale de Secours sur les
bases proposées par M. le sénateur Ciraolo. Au cours de cette conférence, un projet définitif de Convention internationale a été élaboré,
pour être signé par les gouvernements désirant adhérer à l'Union
et, au 30 avril, date fixée par la Société des Nations pour la clôture de
la liste des signataires, la convention avait été signée par 30 États
représentant 560 parts de 700 francs suisses chacune. Toutefois, il a
été stipulé par la Conférence diplomatique qu'un minimum de 600 parts
serait nécessaire pour que l'Union entre en vigueur ; des efforts sont
donc faits en vue d'obtenir de nouvelles signatures. Aux termes des
statuts, les institutions internationales de la Croix-Rouge (C. I. C. R.
et L. S. C. R.) seront chargées d'assurer le service central et permanent
de l'Union. Au cours de sa réunion du 24 février, tenue à Genève, le
Comité préparatoire de l'Union a constitué une sous-commission
composée de trois membres et chargée de représenter en permanence
le Comité préparatoire, et de prendre ou de recommander les mesures
propres à faciliter la mise en marche de l'Union. La première réunion
de cette sous-commission s'est tenue à Cologne le 11 juin 1928 ; le
Comité international de la Croix-Rouge et la Ligue des Sociétés de la
Croix-Rouge y étaient représentés à titre consultatif. L'ordre du jour
de cette réunion comportait les questions suivantes: 1º. Examen de
l'état des signatures recueillies par la Convention du 12 juillet 1927 ;
2º. étude des moyens à mettre en œuvre pour obtenir les ratifications
ou adhésions nécessaires à la mise en vigueur de la Convention; 3º. élaboration d'un schéma de règlement; 4º. communications du secrétariat
au sujet d'une publication de propagande. Il a été décidé qu'aucune

18

nouvelle réunion de la sous-commission ne se tiendrait avant la XIIIe Conférence internationale de la Croix-Rouge.

b) *Comité de secours aux réfugiés*. — La Ligue des Sociétés de la Croix-Rouge a continué à collaborer avec la Société des Nations à l'action de secours en faveur des réfugiés bulgares et, au cours de sa session du 7 mars 1927, le Conseil de la Société des Nations a rendu un chaleureux hommage à l'œuvre accomplie en Bulgarie sous les auspices de la Ligue.

c) *Protection de l'enfance*. — A la demande du Comité consultatif de la Société des Nations pour la protection de l'enfance, les représentants de la Ligue des Sociétés de la Croix-Rouge au sein de ce Comité ont préparé des rapports sur les sujets suivants : 1. « L'influence morale du cinématographe sur l'enfant » ; 2. « La protection des enfants aveugles » ; 3. « L'influence physique et morale des récréations sur l'enfant » ; 4. « L'alcool et l'enfant ».

3. Bureau international du Travail. — La collaboration la plus étroite a été maintenue entre le Bureau international du Travail et la Ligue en vue de l'exécution des mandats confiés à ces deux institutions par la Conférence d'Oslo pour l'amélioration de l'hygiène dans la marine marchande, ainsi que pour la solution de diverses questions ayant trait à l'émigration et à l'assistance aux réfugiés ; des délégués de la Ligue ont assisté aux réunions du Comité consultatif du Bureau du Travail pour les réfugiés. Au début de l'année 1928, le Bureau s'est adressé à la Ligue afin de savoir dans quelle mesure les sociétés de la Croix-Rouge seraient éventuellement disposées à accorder leur appui pour l'évacuation des réfugiés russes de Constantinople et a suggéré que les sociétés nationales qui s'intéressent à cette œuvre pourraient se charger d'assister les réfugiés dans les ports d'embarquement et de débarquement en assurant à chaque convoi envoyé par le Bureau international du Travail les vivres, le logis, les vêtements, l'assistance médicale et les renseignements nécessaires. Ces suggestions ont été transmises par la Ligue aux sociétés de la Croix-Rouge intéressées.

4. Office international d'Hygiène publique. — Conformément à la décision prise par le Conseil des Gouverneurs au cours de sa dernière réunion, les rapports de collaboration existant entre l'Office et la Ligue depuis 1919 ont été consolidés, notamment en ce qui concerne la prophylaxie de la tuberculose. A la demande de l'Office, et aux termes d'un accord intervenu entre les deux institutions, la Ligue a entrepris une étude sur l'organisation de la lutte, organisée par divers pays, contre la tuberculose dans l'industrie.

L'Office est maintenant représenté au sein du Comité permanent pour le bien-être du marin.

L'Office et la Ligue étudient un projet relatif à l'édition d'un nouveau film sur le cancer.

5. Union internationale contre la Tuberculose. — Le Comité exécutif et le Conseil de l'Union se sont réunis au siège de la Ligue, où fonctionne son secrétariat, en mars et septembre 1927 et le 26 janvier 1928. L'ordre du jour provisoire de la VIᵉ Conférence de l'Union a été établi au cours de cette dernière réunion. La Ligue sera représentée à cette conférence par le directeur de sa section d'hygiène, qui remplit également les fonctions de secrétaire général adjoint de l'Union, et par le professeur Santoliquido.

L'Union compte actuellement 37 membres.

La Ligue a invité l'Union à collaborer aux enquêtes qu'elle a entreprises au sujet de la participation de la Croix-Rouge à la campagne antituberculeuse parmi la classe ouvrière.

6. Union internationale contre le Péril vénérien. — Cette institution a ratifié, au cours de son assemblée générale, tenue à Nancy en mai 1928, l'accord intervenu entre l'Union et la Ligue en vue de leur collaboration future ; voici les termes de cet accord :

« L'Union contre le Péril vénérien,

Considérant l'accord intervenu avec la Ligue des Sociétés de la Croix-Rouge et l'intérêt que présente une coordination étroite des efforts de la Ligue et de l'Union ;

Considérant que c'est principalement dans le domaine de la protection de la maternité et de l'enfance que la coopération avec la Ligue est susceptible de produire les plus heureux résultats,

Se déclare en complet accord avec la Ligue pour que celle-ci :

I. Demande aux Croix-Rouges nationales adhérant à la Ligue de faire un effort spécial en vue du dépistage et du traitement de la syphilis maternelle et de la syphilis héréditaire ;

II. Porte à la connaissance des Croix-Rouges nationales les méthodes adoptées et préconisées par l'Office international d'Hygiène publique, la Société des Nations et l'Union internationale contre le Péril vénérien en vue de la réalisation du programme présenté ;

III. Agisse, en résumé, pour tout ce qui concerne l'action des Croix-Rouges nationales membres de l'Union, comme déléguée immédiate de l'Union internationale contre le Péril vénérien. »

Le Dr. Cavaillon, secrétaire général de l'Union, a accepté de remplir les fonctions de conseiller technique de la Ligue, en ce qui concerne les travaux de celle-ci contre le péril vénérien. Le Dr. Humbert, directeur de la section d'hygiène de la Ligue, agira en cette même capacité dans les assemblées générales de l'Union. Les premiers résultats de cette collaboration ont été la participation d'un délégué de la Ligue à l'assemblée générale de l'Union, tenue le 28 mai, et la publication, en juin 1928, d'un numéro spécial de *Vers la Santé*, consacré exclusivement à la question des maladies vénériennes.

7. INSTITUT INTERNATIONAL DE COOPÉRATION INTELLECTUELLE. — La collaboration entre l'Institut et la Ligue a été consolidée par la nomination de Miss George, du bureau de la correspondance interscolaire de la Ligue, au poste de secrétaire générale du Comité d'entente des grandes associations internationales. Miss George, et M. Milsom, directeur de la section de la Jeunesse du Secrétariat de la Ligue, ont présenté à ce Comité, au cours de sa réunion du 9 février 1928, des rapports sur : *a)* Les congrès des associations, membres du Comité (été 1927), et *b)* les voyages collectifs.

Des membres du secrétariat de la Ligue ont été invités à une réunion organisée par l'Institut, le 12 janvier 1927, en vue de la création d'un bureau international du cinématographe d'enseignement. Ce bureau a été créé ultérieurement et des délégués de la Ligue ont assisté à ses réunions périodiques. La Ligue a contribué à l'installation du bureau par un don de 3.000 francs.

8. UNION INTERNATIONALE POUR LA PROPHYLAXIE DE LA CÉCITÉ. — Au début de l'année 1928, la société américaine pour la prophylaxie de la cécité est entrée en rapport avec la Ligue en vue de l'élaboration d'un projet d'institution d'une Union internationale pour la prophylaxie de la cécité. Le directeur de cette société a, en conséquence, fait au Secrétariat de la Ligue un stage de plusieurs semaines afin de rédiger, en collaboration avec la section d'hygiène, un rapport sur cette question et une réunion préliminaire d'experts s'est tenue au secrétariat de la Ligue, le 16 mars 1928, afin d'étudier ce projet. A l'issue de cette réunion, la Ligue a été invitée à nommer une Commission d'Étude chargée de définir l'organisation et les futures activités de l'Union projetée et de convoquer éventuellement une Conférence internationale en vue de constituer l'Union. La Société des Nations, consultée à ce sujet, s'est déclarée favorable au projet.

Le rapport soumis au cours de la réunion du 18 mars a également été examiné par l'Union internationale contre le Péril vénérien lors de sa réunion de mai 1928.

9. BUREAU INTERNATIONAL DE LA PAIX. — La Ligue a été représentée au Congrès universel de la Paix, tenu à Varsovie le 25 juin 1928.

Une proposition de collaboration officielle entre la Ligue et le Bureau international de la Paix, émanant de ce dernier, a été étudiée par le Comité exécutif de la Ligue au cours de sa réunion du 31 mars 1928. En raison de la neutralité traditionnelle de la Croix-Rouge en matière de politique, il a été décidé que seule une collaboration officieuse entre les deux institutions serait envisagée.

10. Fédération mondiale des associations pédagogiques. — Les rapports de collaboration entre la Fédération et la Ligue ont été consolidés par la nomination de Miss George en qualité de membre du Comité du Projet de Paix Herman Jordan. La Ligue a été représentée à la deuxième réunion biennale de la Fédération, tenue à Toronto (Canada) en août 1927 ; sa déléguée a été invitée à assumer la direction de la section consacrée à la correspondance interscolaire, correspondance qui figure maintenant au programme de la Fédération.

Sans compter les institutions mentionnées ci-dessus, des rapports de collaboration ont été maintenus avec les organismes suivants :

Fédération internationale des professeurs de l'enseignement secondaire.

Union internationale de Secours aux enfants.
Commission internationale de secours aux affamés chinois.
Service international d'aide aux émigrants.
Conseil international des Infirmières.
Conseil international d'Hygiène de la Fondation Rockefeller.
Bureau international antialcoolique.
Fondation Laura Spelman Rockefeller.

IV.

ACTIVITÉ DU SECRÉTARIAT DE LA LIGUE

1. Organisation du Secrétariat. — A la suite de décisions prises par le Conseil des Gouverneurs, au cours de sa dernière réunion, plusieurs modifications ont été apportées à l'organisation intérieure du secrétariat ; ces décisions prévoyaient la nomination de trois vice-présidents, dont l'un serait chargé de la surveillance générale des travaux du secrétariat et de la représentation de la Ligue dans ses rapports avec les autres institutions et les sociétés nationales, ainsi que la suppression du poste de directeur général, la direction des travaux du secrétariat devant être confiée à un secrétaire général. Ces modifications ont pris effet le 9 mai 1927. Le secrétaire général a été prié de soumettre au vice-président les questions comprises dans les catégories suivantes :

a) Toutes questions ayant trait à la politique générale de la Ligue en ce qui concerne les sociétés nationales et les autres institutions.

b) Les propositions de modification dans l'organisation intérieure du secrétariat ou de changement dans le personnel supérieur.

c) Les règlements concernant les changements à apporter dans les traitements, frais de déplacement et autres dépenses et les propositions relatives à l'entreprise de nouvelles activités entraînant une augmentation des dépenses.

Il a également été décidé que le secrétaire général tiendrait le vice-président au courant de toutes les questions d'intérêt général et suivrait ses directives dans l'administration du secrétariat.

Le poste de conseiller technique, créé par le Conseil des Gouverneurs en mai 1927, a été offert au Dr. Sand qui l'a accepté. Un bureau des affaires générales a été créé et confié à la direction de M. de Gielgud. Ce bureau est chargé de s'occuper des questions ayant trait à l'organisation et au développement des sociétés nationales (à l'exception des sociétés de l'Amérique latine qui sont du ressort du bureau panaméricain) et de conseiller les sections quant à l'opportunité d'établir une collaboration entre elles et la Ligue. Un bureau administratif, dirigé par M. de Roussy de Sales a été formé et comprend tous les services administratifs et auxiliaires du secrétariat. M. de Rougé ayant été désigné pour remplir les fonctions d'adjoint au vice-président, la direction de la section des secours a été confiée à M. Carl Petersen.

La section de la Croix-Rouge de la jeunesse a été réorganisée en vue de l'établissement d'un contact plus étroit avec les sections de la jeunesse des sociétés nationales. Miss Benedict a été nommée déléguée générale et chargée de maintenir et de développer les rapports avec les sections de la Jeunesse des sociétés nationales, et M. Georges Milsom, directeur du service des publications, l'a remplacée en qualité de directeur de la section.

2. PERSONNEL. — Pendant la période comprise entre le 1er janvier 1927 et le 30 juin 1928, les personnes suivantes ont été désignées pour faire partie du personnel du secrétariat de la Ligue :

M. AKIRA TAKAMIYA, assistant, bureau des affaires générales.
M. Adrien LE ROY, chef du service des traductions.
Mlle Madeleine GILARD, traductrice française.
Miss Janet HOWARD, rédactrice adjointe, section de la jeunesse.
Mme D'ESTRÉES IRWIN, rédactrice adjointe, section de la jeunesse.

Les personnes suivantes ont été employées temporairement pendant la même période :

M. von Cleve, assistant, section des secours (pendant l'absence de M. Petersen). La Croix-Rouge allemande a assuré à la Ligue les services de M. von Cleve pour une période de deux mois.

Dr. Roussi Radkoff, assistant, section d'hygiène (services assurés par la Croix-Rouge bulgare).

Miss Mary Concannon, déléguée de la section de la Croix-Rouge de la Jeunesse.

Transferts d'un service à un autre :

Mrs. Maynard Carter, a été transférée des cours internationaux de Londres au poste de directrice de la section des infirmières.

M. Aurélien Dupuy, a été transféré de la section de la Croix-Rouge de Jeunesse au service des publications.

M. Pierre de Bernonville, a été transféré de la section des secours au poste trésorier général adjoint.

Les personnes suivantes ont résigné leurs fonctions pendant la même période :

Mrs. Benedict-Angwin, déléguée générale de la section de Croix-Rouge de la Jeunesse.

M. Walter Peirce, chef du service des traductions.

Mrs. Eleanor Keller, rédactrice adjointe, section de Croix-Rouge de la Jeunesse.

Miss Janet Howard, rédactrice adjointe, section de Croix-Rouge de la Jeunesse.

Mlle Gisèle Godard, bureau de la correspondance interscolaire.

3. Missions. — Les sociétés de la Croix-Rouge des pays suivants (sans compter la France) ont été visitées par des membres du secrétariat de la Ligue pendant la période que couvre ce rapport :

Albanie :	Dr. Humbert.
Allemagne :	Hon. John Barton, Payne, M. de Gielgud, M. Kittredge, Dr. Humbert, Miss Concannon, M. Royon.
Australie :	Général Champain.
Autriche :	Miss Benedict, Miss Concannon.
Belgique :	Dr. Sand, M. Kittredge, M. de Gielgud, M. Milsom, Mrs. Carter, M. Royon.
Bulgarie :	M. Payne, M. de Gielgud, M. Petersen, Miss Benedict, Mrs. Carter, Miss Concannon.
Canada :	Miss Benedict, Miss George.
Costa-Rica :	M. Larrosa.
Cuba :	M. Larrosa.
Danemark :	M. Petersen.
Équateur :	M. Larrosa.
Esthonie :	Dr. Humbert.
États-Unis :	M. Kittredge, Miss Benedict, M. Larrosa, M. Takamiya.
Grande-Bretagne :	Col. Draudt, M. Kittredge, M. de Gielgud, M. Takamiya, Dr Lillingston, Mrs. Carter, Miss Benedict, Miss George.
Grèce :	Miss Benedict, M. de Rougé, Miss Concannon.

Guatemala :	M. LARROSA.
Hongrie :	Miss BENEDICT, Miss CONCANNON.
Indes :	M. PAYNE, M. DE GIELGUD.
Italie :	M. PAYNE, M. DE GIELGUD, Dr HUMBERT, Mrs. CARTER, Miss CONCANNON, M. ROYON.
Japon :	M. PAYNE, M. DE GIELGUD, M. DE ROUGÉ, Dr HUMBERT.
Lettonie :	Dr HUMBERT.
Lithuanie :	M. DE GIELGUD.
Lichtenstein :	M. PETERSEN, M. DE BERNONVILLE.
Nouvelle-Zélande :	Général CHAMPAIN.
Panama :	M. LARROSA.
Pays-Bas :	Col. DRAUDT, M. DE GIELGUD, M. ROYON.
Philippines :	Juge PAYNE, M. DE GIELGUD.
Pologne :	M. DE GIELGUD, Dr DZIERZKOWSKI.
Roumanie :	Mrs. CARTER, Miss BENEDICT, Miss CONCANNON.
Salvador :	M. LARROSA.
Serbes, Croates et Slovènes : (*Royaume des*)	Mrs. CARTER, Miss BENEDICT, Miss CONCANNON.
Siam :	M. PAYNE, M. DE GIELGUD, M. DE ROUGÉ.
Suède :	M. PETERSEN.
Suisse :	M. PETERSEN, Dr HUMBERT, M. DE BERNONVILLE.
Tchécoslovaquie :	Dr. SAND, M. MILSOM, Miss CONCANNON, M. ROYON.
Turquie :	M. PAYNE, M. DE GIELGUD, Miss BENEDICT.
Union sud-africaine	Général CHAMPAIN.

Les sociétés nationales membres de la Ligue qui n'ont pas été visitées durant cette période, sont celles des pays suivants : Argentine, Bolivie, Brésil, Chili, Chine, Colombie, Dantzig, Espagne, Islande, Luxembourg, Mexique, Pérou, Portugal, Uruguay et Venezuela.

4. STAGES D'ÉTUDE. — Les membres des sociétés suivantes ont fait un stage au siège de la Ligue depuis le 1er janvier 1927 :

Croix-Rouge américaine :	M. DOUGLAS GRIESEMER (Propagande et publicité de la Croix-Rouge).
	Miss Mary CONCANNON (Croix-Rouge de la Jeunesse).
Croix-Rouge argentine :	Mme Celina LAUTH DE MORGAN (Croix-Rouge de la Jeunesse).
Croix-Rouge belge :	M. Louis PICALAUSA (Croix-Rouge de la Jeunesse).
	Mlle GÉROMEZ (Organisation générale et secours).
	Mlle VAN LIER (Propagande).
Croix-Rouge brésilienne :	Dr DE GUIMARAES (Croix-Rouge de la Jeunesse et nursing).
Croix-Rouge britannique :	Général CHAMPAIN (Organisation générale).
Croix-Rouge bulgare :	M. SOTIR VELTCHEFF (Secours aux réfugiés).
	Dr ROUSSI RADKOFF (Hygiène sociale et tuberculose).
	Mlle JORDANOVITCH (Croix-Rouge de la Jeunesse).
Croix-Rouge lettone :	Mme le Dr SKAGER-KAZIS (Hygiène sociale et tuberculose).

Croix-Rouge roumaine :   Mme Modriano (Croix-Rouge de la Jeunesse).
Mlle Elisabeth Babeanu (Croix-Rouge de la Jeunesse et organisation générale).

Croix-Rouge siamoise :   Mme Pal Prakong Yajasaman (Croix-Rouge de la Jeunesse).

Croissant Rouge turc :   Mme le Dr. Hussein Bey (Croix-Rouge de la Jeunesse).

Société nationale américaine pour la prophylaxie de la cécité : M. Lewis H. Carris. Miss Eleanor Brown.

5. Visites. — Des délégués des sociétés de la Croix-Rouge suivantes ont visité le Secrétariat de la Ligue depuis le 1er janvier 1927. Les chiffres indiquent le nombre de visiteurs appartenant à chaque société :

Société	Nombre	Société	Nombre
Croix-Rouge albanaise	1	Croix-Rouge japonaise	4
Croix-Rouge allemande	3	Croix-Rouge mexicaine	1
Croix-Rouge américaine	30	Croix-Rouge néerlandaise	4
Croix-Rouge argentine	3	Croix-Rouge des Indes néerlandaises	1
Croix-Rouge australienne	1		
Croix-Rouge autrichienne	1	Croix-Rouge néo-zélandaise	4
Croix-Rouge belge	6	Croix-Rouge norvégienne	1
Croix-Rouge brésilienne	2	Croix-Rouge polonaise	2
Croix-Rouge britannique	6	Croix-Rouge russe (ancienne organisation)	1
Croix-Rouge bulgare	2		
Croix-Rouge chilienne	1	Croix-Rouge suisse	3
Croix-Rouge colombienne	7	Croix-Rouge tchécoslovaque	4
Croix-Rouge cubaine	1	Croix-Rouge de l'U. R. S. S. Alliance du Croissant Rouge et de la Croix-Rouge	1
Croix-Rouge espagnole	5		
Croix-Rouge française	46		
Croix-Rouge hellénique	3	Croix-Rouge uruguayenne	1
Croix-Rouge hongroise	4	Croix-Rouge yougoslave	3
Croix-Rouge italienne	5	Croissant-Rouge turc	1

RÉSUMÉ DES TRAVAUX DES DIFFÉRENTS SERVICES ET DE SECTIONS

SERVICES GÉNÉRAUX

a) *Bureau du vice-président.* — A la suite de la décision prise par le Conseil des Gouverneurs, décision qui prévoyait la suppression du poste de directeur général et confiait la surveillance des travaux courants du secrétariat à un vice-président, désigné par le président, des mesures ont été prises afin de faciliter au vice-président l'accomplissement de sa tâche. M. de Rougé, nommé adjoint au vice-président en 1927, a été chargé de tenir celui-ci au courant de toutes les questions relatives aux travaux du secrétariat qui relèvent de sa compétence. Les travaux de ce bureau ont été principalement consacrés aux négociations, avec le Comité international, dont il a été fait mention plus haut, et à la préparation du projet d'accord relatif à l'organisation future de la Croix-Rouge internationale. Le bureau du vice-président s'est en même temps occupé de diverses questions découlant de la collaboration avec certaines autres institutions internationales, telles que les travaux du Comité préparatoire de l'Union internationale de Secours, l'organisation de plusieurs conférences internationales et la préparation de comptes rendus et de notes indiquant la ligne de conduite et les activités de la Ligue dans ses rapports avec les autres organismes. Les diverses questions traitées ont été mentionnées au chapitre III.

b) *Bureau du secrétaire général.* — La tâche du secrétaire général, qui est chargé d'assurer la coordination des travaux des divers services et sections, a été grandement facilitée par le bureau des affaires générales, le bureau panaméricain et le bureau administratif, dont l'organisation est décrite plus loin. Pendant le séjour du secrétaire général aux États-Unis (octobre 1927 à février 1928), le vice-président a assumé la surveillance des services du secrétariat, tandis que la plus grande partie des travaux du secrétaire général ont été confiés au directeur du bureau des affaires générales et à celui du bureau administratif.

c) *Conseillers.* — Le poste de conseiller technique, créé par le Conseil des Gouverneurs, ayant été accepté par le Dr. Sand, celui-ci s'est notamment consacré pendant l'année aux préparatifs de la quinzaine sociale qui s'est tenue à Paris du 1er au 15 juillet 1928. Il a représenté la Ligue au sein de la commission préparatoire du congrès de la protection de l'enfance et rempli les fonctions de secrétaire général de la conférence du service social. Le conseiller technique a été chargé de maintenir des rapports cordiaux de collaboration avec un grand nombre d'institutions s'occupant de problèmes qui ont trait à l'œuvre de la Ligue ; il lui a notamment été demandé de remplir les fonctions de président de la commission spéciale, instituée par l'Institut de Coopération intellectuelle, et chargée d'étudier l'emploi du cinéma dans l'enseignement ; il a également fait fonctions de président du Comité d'organisation du Congrès international des Hôpitaux.

Le professeur Santoliquido, conseiller pour la santé publique internationale, a élaboré, en collaboration avec l'Office international d'Hygiène publique à Paris, des plans en vue de l'étude de la fréquence de la tuberculose dans l'industrie et a demandé aux sociétés nationales de la Croix-Rouge et à l'Union internationale contre la Tuberculose de collaborer à cette étude. Une enquête préliminaire est faite à Milan afin de déterminer la possibilité d'entreprendre des investigations analogues dans d'autres pays. Le professeur Santoliquido a également poursuivi ses études concernant la question de l'émigration et a représenté la Ligue aux réunions du Comité international des organisations privées qui s'occupent des problèmes relatifs à l'émigration ; ce Comité a été créé en collaboration avec le Bureau international du Travail. Les conseillers techniques ont en outre été souvent appelés à aider de leurs conseils le vice-président, le secrétaire général et les directeurs des sections techniques, en vue de l'élaboration de plans ayant trait aux activités du secrétariat.

d) *Bureau des affaires générales et bureau panaméricain.* — Ces services se sont consacrés, pendant l'année, à une étude parallèle de l'œuvre et des problèmes des sociétés nationales en vue d'assurer la collaboration entre celles-ci et le secrétariat de la Ligue. Le bureau des affaires générales a, de plus, été chargé de préparer les réunions du Comité exécutif et de prendre des dispositions préliminaires en vue de la réunion du Conseil des Gouverneurs en 1928 ; il a rédigé ou revu les différents rapports que le secrétariat a été appelé à soumettre, pendant l'année, aux divers Comités de la Ligue, au cours de leur réunion, et aux congrès auxquels la Ligue a été officiellement représentée.

Le bureau des affaires générales et le bureau panaméricain ont organisé, pour certains membres des sociétés nationales, des visites au secrétariat de la Ligue et, pour le personnel de la Ligue, des missions auprès des sociétés nationales. Les plus importantes de ces missions ont été, pendant l'année, celles déjà mentionnées ci-dessus : la visite du général Champain aux sociétés de l'Union sud-africaine, l'Australie et la Nouvelle-Zélande, et celle de M. Larrosa aux Croix-Rouges de l'Amérique centrale, de Cuba et de l'Équateur.

Le Bureau panaméricain s'est maintenu en active collaboration avec les sociétés de l'Amérique latine, et il a surtout étudié l'élaboration de plans définitifs afin d'assurer, à quelques-unes de ces sociétés, la collaboration des sections techniques en vue du développement de certaines de leurs activités. Des dispositions préliminaires ont été envisagées pour la préparation de la troisième Conférence panaméricaine qui se tiendra à Rio-de-Janeiro.

Le bureau des affaires générales a consacré son activité à l'étude des problèmes d'ordre général intéressant les institutions de la Croix-Rouge, tels que campagnes de recrutement, méthodes de propagande, etc. ; il a été aidé dans cette étude par le chef du service de propagande. Ce bureau a également préparé un rapport qui contient le résumé de l'historique de la Ligue et de l'œuvre accomplie par cette institution depuis sa fondation en 1919, rapport qui sera soumis au Conseil des Gouverneurs et à la XIIIe Conférence internationale de la Croix-Rouge.

e) *Bureau administratif.* — Ce bureau a été chargé, au moment de la réorganisation du secrétariat, de la surveillance des travaux des services intérieurs : service de la poste et des transports, archives, stock et expéditions, information, traductions et personnel.

Le service d'expéditions a été réorganisé et placé sous la direction de M. Tolstoï, qui est chargé de l'envoi des publications de la Ligue et de la garde du stock de publications et d'affiches que la Ligue tient à la disposition des sociétés nationales.

A la fin de l'année 1927, le bureau a préparé de nouveaux contrats pour le personnel du secrétariat. Il a étudié, en collaboration avec le Comité du Fonds Henderson et certains membres du secrétariat, la possibilité d'assurer collectivement le personnel de la Ligue contre la maladie et les accidents. Une proposition préliminaire a été soumise au Comité exécutif en mars ; conformément à la décision du Comité exécutif, qui a autorisé la participation de la Ligue à ce projet d'assurance, des plans définitifs seront ultérieurement soumis au Conseil des Gouverneurs.

Pendant l'absence du secrétaire général, le chef du bureau administratif a été chargé de l'administration du secrétariat, sous la direction du vice-président.

f) *Service de propagande.* — Ce service, dont les fonctions ont été modifiées en 1927, a été déchargé de la surveillance du stock de matériel de propagande. Il a pu, de ce fait, consacrer son activité à l'étude technique des problèmes auxquels ont à faire face les sociétés nationales afin de faire connaître aux populations l'utilité de leur œuvre, d'augmenter le nombre de leurs membres et de se créer des ressources.

Le service de propagande a distribué aux sociétés de la Croix-Rouge. pendant l'année 1927, 50.250 tracts, 5.325 affiches et 1.274 insignes

16 films ont été ajoutés au stock de la Ligue pendant cette même période. Une nouvelle édition du catalogue a été préparée et envoyée aux sociétés nationales. Pendant la période que couvre le présent rapport, 162 films ont été prêtés aux sociétés nationales et 25 films ont été achetés pour leur compte par l'entremise de la Ligue.

Le chef du service de propagande a représenté le secrétariat de la Ligue aux réunions de la Commission internationale du cinématographe d'enseignement et participé au deuxième congrès de la chambre européenne du film d'enseignement, qui s'est tenu à La Haye en mai 1928.

La collection de photographies s'est beaucoup enrichie et a été reclassée afin d'en faciliter l'emploi. Du matériel d'exposition a été préparé et envoyé à Lima, Varsovie, Madrid, Toronto, Vienne et Paris. Le service de propagande a été chargé d'installer le stand de la Ligue à l'exposition qui s'est tenue à Paris pendant la Quinzaine du Service social.

Le service a entrepris, en collaboration avec le bureau des affaires générales, une étude spéciale concernant les méthodes de propagande et l'organisation de campagnes de recrutement et de collecte de fonds. Les résultats de cette étude seront publiés prochainement.

g) *Service des publications.* — Les travaux de ce service se sont poursuivis, pendant l'année, sur les mêmes bases que les années précédentes.

Le nombre des abonnements aux trois éditions de *Vers la Santé*, et spécialement à l'édition espagnole, s'est accru en dépit de l'augmentation du prix de ces abonnements. Une campagne intensive a été poursuivie, pendant les derniers mois, en vue d'obtenir des annonces pour cette publication.

Un numéro spécial de *Vers la Santé*, consacré à l'action de secours, a été publié en juillet 1927 à l'occasion de la Conférence diplomatique convoquée par la Société des Nations en vue de la création d'une Union internationale de secours. Un numéro spécial, consacré à la propagande d'hygiène et publié en octobre 1927, a été très apprécié et commenté dans les revues de la Croix-Rouge et autres publications du monde entier. Le numéro de juin 1928, consacré à la campagne contre les maladies vénériennes, a également été publié en allemand.

Le nombre de demandes d'autorisation pour la reproduction d'articles parus dans *Vers la Santé*, a plus que doublé depuis le début de l'année 1927. Les articles populaires d'hygiène publiés par la Ligue, et destinés à être reproduits par les sociétés nationales, touchent un public beaucoup plus nombreux que par le passé.

Le *Bulletin d'Information* a été publié mensuellement, au lieu de bi-mensuellement, depuis le 1er janvier 1928.

Les nouvelles publications parues depuis le 1er janvier 1927 sont les suivantes :

Édition revisée des statuts et du règlement intérieur de la Ligue des Sociétés de la Croix-Rouge (anglais et français).

Édition revisée de la brochure intitulée : *La Ligue des Sociétés de la Croix-Rouge. Sa fondation, son programme et son action* (anglais, français, espagnol, allemand).

Rapport de la deuxième Conférence des Sociétés de la Croix-Rouge de l'Extrême-Orient (anglais et résumé en français).

L'organisation des Samaritains et la Croix-Rouge (éditions anglaise et allemande).

L'Infirmière de Puériculture (adaptation française de *Child Welfare Nursing*).

L'Hygiène dans la marine marchande (Conférence d'Oslo) (français).

Tract dépliant décrivant les nouveaux films de la Croix-Rouge de la Jeunesse.

Rapport du secrétariat de la Ligue, 1925-1926 (français et anglais).

Compte rendu de la réunion du Conseil des Gouverneurs, 4-7 mai 1927 (français et anglais).

Historique et organisation de la Croix-Rouge de la Jeunesse.

Prospectus annonçant l'ouverture des cours internationaux d'hygiène sociale pour infirmières, 1927-28 et 1928-29 (anglais).

Trois rapports du Bureau panaméricain pour la Conférence panaméricaine de La Havane (espagnol).

La Croix-Rouge éducatrice (brochure de la Croix-Rouge de la Jeunesse).

SERVICES TECHNIQUES

A) SECTION DES SECOURS.

Pendant la période que couvre ce rapport, la section des secours a participé, à trois reprises, à des appels internationaux lancés en faveur des sinistrés, elle a fait une enquête dans quatre cas où une action analogue avait été suggérée, elle a collaboré, lorsque la chose a été jugée nécessaire, avec les autres institutions nationales et internationales et elle s'est efforcée d'améliorer ses méthodes en ce qui concerne la documentation à recueillir et à coordonner en vue de ses futurs travaux. Elle a en outre préparé, comme par le passé, des articles spéciaux, des enquêtes, etc.

Ses principales activités ont été les suivantes :

Union internationale de Secours. — La section a continué à collaborer activement à l'institution de l'Union internationale de Secours. La Conférence diplomatique qui s'est tenue à Genève, en juillet 1927, sous les auspices de la Société des Nations, a approuvé le projet définitif de la convention et des statuts de l'Union. 43 gouvernements ont été représentés à cette conférence dont la convention prévoit la participation de la Croix-Rouge aux futures activités de l'Union. La section des secours a continué à renseigner les sociétés de la Croix-Rouge au sujet de l'Union afin de seconder les efforts faits par celles-ci en vue d'amener leurs gouvernements à signer la convention et à collaborer à l'œuvre de l'Union. A la date du 31 mai 1928, 31 Etats avaient signé cette convention internationale.

L'assistance aux réfugiés bulgares. — Bien que les Comités locaux aient assumé, à partir du 1er avril 1927, la responsabilité de l'action de secours aux réfugiés, celle-ci a pu être poursuivie, grâce aux fonds placés à la disposition de la Ligue, jusqu'au 1er juillet 1927. En raison des mauvaises récoltes, il a été jugé nécessaire de continuer à

faire fonctionner 17 cuisines populaires pendant l'hiver 1927-28.
Grâce à l'intervention de la Ligue, de nouveaux dons ont été offerts
par les Croix-Rouges américaine et italienne afin de permettre à la
société nationale bulgare de poursuivre son œuvre en faveur des
réfugiés jusqu'en juin 1928.

Liechtenstein. — Des inondations ont ravagé, à la fin du mois de
septembre 1927, une grande partie de la région cultivée de la princi-
pauté de Liechtenstein. Sur la recommandation du délégué envoyé par
le secrétariat sur les lieux du désastre afin d'étudier la situation, un
appel international a été lancé, en réponse auquel 12 sociétés ont
fait parvenir des dons en espèces ou en nature. Plus de 700 sinistrés
ont été nourris pendant les mois d'hiver.

La famine en Chine. — Le 20 décembre 1927, la Commission internationale de secours aux affamés chinois a fait appel au concours
de la Ligue afin d'obtenir 1.000.000 de dollars mexicains pour venir
en aide à 4.000.000 d'affamés. A la suite de l'enquête faite à ce sujet,
et après un échange de vues avec le Comité international de la Croix-
Rouge, il a été décidé qu'en raison de l'ampleur du désastre et de la
situation politique et militaire du pays, il était impossible à la Croix-
Rouge d'intervenir d'une façon effective. Tous les documents relatifs à cette question ont, en conséquence, été communiqués à la
Société des Nations et aux Croix-Rouges qui pourraient être à même
de venir en aide aux affamés.

Tremblements de terre dans les Balkans et l'Asie Mineure. — A la
suite des secousses sismiques qui ont ravagé, en avril 1928, la Turquie,
la Bulgarie et la Grèce, des enquêtes ont été faites par les délégués du
secrétariat et la Ligue a lancé, conjointement avec le Comité international de la Croix-Rouge, un appel à toutes les sociétés nationales.
En réponse à cet appel, 32 sociétés ont fait parvenir des dons en espèces
ou en nature. Le désastre a détruit près de 200 localités et laissé
plus de 300.000 personnes sans abri.

*Collaboration avec le Bureau international du Travail en vue de
l'organisation des mesures sanitaires en Bulgarie.* — Le 27 juin, la
Ligue a adressé à tous ses membres un extrait du mémorandum qui
lui avait été communiqué par la section d'hygiène de la Société des
Nations, ainsi qu'une lettre leur faisant connaître les mesures prises
en Bulgarie en vue de protéger la santé des victimes du récent trem-
blement de terre et leur demandant, afin d'éviter le double emploi
et le gaspillage, de vouloir bien avertir la Croix-Rouge bulgare avant
d'effectuer des envois de matériel.

Albanie. — La Ligue a, pendant un certain temps, consacré son attention à la situation créée par la famine dans le nord de l'Albanie. La Croix-Rouge italienne est venue en aide aux victimes par l'envoi de personnel et de secours en nature et la Croix-Rouge américaine a fait un don de 5.000 dollars destinés à être distribués, en vivres, dans les régions éprouvées. A la suite d'un échange de vues entre le Comité international de la Croix-Rouge et la Ligue, il a été décidé qu'il serait inopportun de lancer un appel international. Une lettre circulaire a été adressée aux sociétés nationales, pour leur transmettre tous les renseignements concernant la situation.

Royaume des Serbes, Croates et Slovènes. — Un échange de lettres a eu lieu entre le Comité international de la Croix-Rouge et la Ligue, au sujet de la situation créée en Yougoslavie par la famine. Les dernières informations reçues indiquaient qu'une intervention internationale ne semblait pas nécessaire.

Collaboration avec les Croix-Rouges américaine et française à l'organisation des services de secours pour la Légion américaine. — A la demande de la Croix-Rouge américaine, la Ligue a collaboré avec cette société et la Croix-Rouge française à l'organisation de postes de premiers secours et de services d'ambulances à l'occasion de la visite en France des 30.000 légionnaires américains qui ont tenu leur Convention à Paris du 18 au 24 septembre. Près de 2.000 cas sans gravité ont été traités et 38 personnes ont été hospitalisées.

Collaboration avec le Bureau international du Travail à l'évacuation des réfugiés russes. — Le Bureau international du Travail a invité la Ligue à s'assurer la collaboration d'un certain nombre de sociétés nationales en vue de l'assistance, en cours de route, aux convois de réfugiés russes évacués de Turquie ou autres pays. Une lettre a été adressée à ce sujet aux sociétés nationales des pays que ces convois pourraient éventuellement traverser. Un grand nombre de sociétés ont accueilli favorablement cette demande et promis leur assistance.

Activités diverses. — Pendant la période que couvre ce rapport, la section des secours a répondu à 20 demandes de renseignements émanant de sociétés nationales, membres de la Ligue, et à 36 demandes provenant de diverses personnes et institutions.

Conformément aux résolutions adoptées par le Conseil des Gouverneurs, au cours de sa dernière réunion, la section a établi un système de tableaux synoptiques des désastres qui se produisent dans le monde entier et se trouvera prochainement en mesure de publier des statistiques à ce sujet. Elle a également pris connaissance de toutes les publications ayant trait à l'action de secours et a fait paraître, de temps à autre, des résumés de ces publications.

Deux stages ont été faits sous la direction de la section : M. Sotir Veltcheff (Croix-Rouge bulgare) a préparé un rapport sur l'œuvre réalisée par la Croix-Rouge en faveur des réfugiés bulgares et M. von Cleve (Croix-Rouge allemande) a remplacé pendant deux mois, M. Petersen, directeur de la section.

B. Section de la Croix-Rouge de la Jeunesse

Une conférence spéciale de la Croix-Rouge de la Jeunesse, à laquelle ont pris part des membres de la section de la Jeunesse et des délégués de plusieurs sociétés nationales de la Croix-Rouge, s'est tenue à Bruxelles en juillet 1927. La présence à Paris, quelques jours avant sa réunion, de la plupart des délégués à cette conférence, a permis de discuter les problèmes intéressant chaque société. La conférence a recommandé qu'une nouvelle réunion soit convoquée ultérieurement [pour discuter la question de la correspondance interscolaire.

On se propose de convoquer cette conférence à Genève en juillet 1929. En vue de faciliter les discussions, M. Sackett, élève diplômé de l'école normale de l'Université de Colombie, a été chargé de faire une étude spéciale du fonctionnement pratique du système de correspondance interscolaire de la Croix-Rouge. M. Sackett a commencé cette étude au siège de la Croix-Rouge américaine en mai 1928 et viendra au secrétariat de la Ligue, en septembre, afin de poursuivre ses travaux en Europe. De plus, des membres du personnel de la section de la Croix-Rouge de la Jeunesse ont assisté aux plus importantes conférences internationales des associations pédagogiques au cours desquelles certaines questions intéressant la Croix-Rouge de la Jeunesse devaient être discutées.

La section a entrepris la préparation d'un manuel de la Croix-Rouge de la Jeunesse, afin de faire face à un besoin qui a fréquemment été signalé par les sections de la Jeunesse des sociétés nationales. Elle prépare également le numéro de novembre 1928 de *Vers la Santé*, qui sera consacré à la Croix-Rouge de la Jeunesse. Les articles destinés aux rédacteurs et les traductions d'extraits des revues de la Croix-Rouge de la Jeunesse ont été comme de coutume adressés aux sociétés nationales. Les besoins des publications nationales destinées aux écoles secondaires ont fait, au cours de l'année, l'objet d'une étude toute spéciale. Quatre suppléments en couleurs, pour *Vers la Santé*, ont été dessinés en 1928, et un certain nombre de tableaux muraux préparés pour les expositions.

A la suite de la visite faite par Mme Angwin, au début de l'année 1928, aux sociétés de l'Europe orientale, un rapport général concernant l'aide à apporter à ces sociétés en vue du développement de leurs activités de la Jeunesse, a été adressé à la Croix-Rouge américaine.

Le nouveau don de 45.000 dollars accordé par la Fondation Laura Spelman Rockefeller pour les années 1928, 1929 et 1930, a permis à la section de préparer des plans pour le développement d'un certain nombre de nouvelles activités. Un compte rendu du développement de la Croix-Rouge de la Jeunesse et de l'œuvre accomplie par cette institution depuis 1924, ainsi qu'un plan relatif à la période de trois ans couverte par le don de la Fondation ont été soumis à cette dernière en janvier.

C. Section d'hygiène

Cette section a continué à remplir pendant l'année, sa triple fonction de :

1. Service d'information et de propagande d'hygiène.

2. Bureau d'information et d'étude pour toutes les questions relatives à l'hygiène personnelle ou publique qui entrent dans le champ d'action de la Croix-Rouge et

3. Organe de liaison avec les grandes institutions internationales telles que : le Comité d'Hygiène de la Société des Nations, la Commission de la Société des Nations, pour la Protection de l'Enfance, l'Office international d'Hygiène publique, l'Union internationale contre la Tuberculose, l'Union internationale contre le Péril vénérien, le Comité permanent pour le bien-être du marin et un certain nombre d'autres organisations internationales privées.

La section a répondu, pendant l'année, à 117 demandes de renseignements et de spécimens de matériel de propagande d'hygiène, et elle a envoyé 1.515 lettres. Des rapports ont été préparés sur l'influence physique et morale des jeux sur les enfants, l'alcoolisme et l'enfant, les possibilités de coordination internationale des efforts faits pour la prophylaxie de la cécité, ce dernier en collaboration avec M. Carris, secrétaire général de la société américaine pour la prevention de la cécité. Le directeur de la section a été chargé, pendant l'année, d'un certain nombre de missions dont il a été fait mention plus haut et la section a organisé des stages d'étude pour

les délégués des services d'hygiène des Croix-Rouges lettonne et
bulgare, ainsi que pour M. Carris.

La section a continué à fonctionner comme secrétariat de l'Union
internationale contre la Tuberculose et elle a pris une part active aux
préparatifs de la VIe Conférence internationale contre la Tuberculose
qui s'est tenue à Rome en septembre 1928. Elle a également collaboré
à l'organisation du Congrès de Protection de l'Enfance tenu en
juillet 1928.

La section a poursuivi sa collaboration avec le service des publications et préparé six articles pour *Vers la Santé* ainsi que les notes
habituelles pour le *Bulletin d'Information*. Elle a, en outre, entrepris
une série d'études sur diverses questions, notamment une étude
d'ensemble de l'œuvre antituberculeuse des différentes sociétés nationales de la Croix-Rouge ; les résultats de cette enquête sont exposés
dans un rapport qui sera publié prochainement.

D. Section des Infirmières

Pendant la période que couvre le présent rapport, la section
des infirmières s'est consacrée notamment aux travaux suivants :

1. Direction des cours internationaux de Londres et administration du foyer des infirmières.

2. Aide aux sociétés de la Croix-Rouge d'Albanie et de Roumanie
en vue du développement de leurs écoles d'infirmières.

3. Visites aux sociétés nationales et organisations de stages pour
les déléguées des services d'infirmières des sociétés nationales.

4. Préparation de publications, d'expositions, de correspondance, etc.

5. Organisation d'un cours d'été pour les anciennes élèves des
cours internationaux.

6. Organisation de la Conférence des déléguées des services d'infirmières de la Croix-Rouge.

En juillet 1928, 21 élèves venant de 13 pays différents ont terminé
leurs études au « Bedford College » et obtenu un diplôme. 24 élèves
se sont fait inscrire pour suivre les cours internationaux pendant la
session 1928-1929. L'administration de ces cours a été confiée à un sous-
comité, désigné par le « Bedford College », et qui comporte des délégués
de la Ligue et du « College of Nursing ». D'accord avec le « Bedford
College », la valeur des cours a été rehaussée par l'adjonction de nouveaux conférenciers et par la nomination d'une infirmière visiteuse
expérimentée, qui fait partie du personnel enseignant du « Bedford
College » et qui a pour mission d'organiser le travail pratique ; la plus

grande partie de ce travail sera effectué sous les auspices de la section
du service social de l'Hôpital St. Thomas.

Le bail de l'immeuble sis 15 Manchester Square occupé par le
foyer des infirmières expirant en 1930, le Comité exécutif a autorisé
le Secrétariat à renouveler ce bail pour une nouvelle période de 30 ans.
Grâce à l'aide de la Croix-Rouge britannique, qui a bien voulu s'occuper
de cette transaction au nom de la Ligue, le nouveau bail a été signé
en mai 1928. Il a été nécessaire de verser, au moment du renouvellement de ce bail, une somme de 5.800 livres sterling. Sur ce total,
la Croix-Rouge britannique a avancé 2.900 livres sterling, la Croix-
Rouge américaine 10.000 dollars et six autres sociétés nationales
ont envoyé des contributions s'élevant approximativement à
2.000 livres sterling.

La section a également pris des dispositions, pendant l'année en
cours, pour permettre à six élèves envoyées par leurs sociétés nationales, de faire des études complètes en France ou en Angleterre ;
elle a organisé un cours de perfectionnement pour quatre infirmières
diplômées et des stages d'études pour 49 infirmières, travailleuses
sociales, médecins et fonctionnaires de la Croix-Rouge.

L'école d'infirmières de la Croix-Rouge albanaise est entrée dans
sa troisième année ; elle compte actuellement quatre élèves, qui ont
terminé les études de première année et elle recevra deux nouvelles
candidates à partir du 1er janvier. La direction de cet établissement
est confiée à une infirmière française assistée de deux adjointes dont
l'une est rémunérée par la Croix-Rouge albanaise. Deux des élèves
de deuxième année sont venues en France afin de compléter leurs
études dans une école française.

L'école d'infirmières « Princesse Hélène », de Bucarest, est entrée
dans sa deuxième année d'existence et possède 24 élèves. Elle est
dirigée par une infirmière anglaise assistée de trois adjointes. Le
traitement de la directrice est à la charge de la Ligue qui contribue
en outre à la rémunération des adjointes.

La section est restée en liaison avec les sociétés nationales, pendant
la période que couvre le présent rapport, non seulement par l'entremise des stagiaires qu'elle a reçues, mais encore au moyen des visites
faites par ses déléguées à sept sociétés de la Croix-Rouge en
Europe, et de la correspondance échangée d'une façon suivie avec les
services d'infirmières des sociétés nationales et les anciennes élèves des
cours internationaux.

Il a été répondu à une demande toujours croissante de renseignements sur de multiples questions ayant trait à la profession d'infirmière. Pendant la période que couvre ce rapport, la bibliothèque cir-

culante qui compte actuellement 62 dossiers d'information, a prêté
90 documents. La section a entrepris une étude approfondie des
services d'infirmières de la Croix-Rouge, afin de rédiger un rapport
qui sera soumis au Conseil des Gouverneurs et à la XIIIe Conférence
internationale de la Croix-Rouge. Une collection de diapositives,
destinées à illustrer l'historique du « nursing » et ses activités dans de
nombreux pays a été préparée par la section. Elle a également continué
à faire paraître trois fois par an, la publication intitulée *News Letter*, à
l'intention des anciennes élèves des cours internationaux, publication
qui contient un grand nombre d'articles techniques.

Afin de permettre aux anciennes élèves de se familiariser avec les
derniers développements de la profession d'infirmière, un cours d'été
a été organisé par la section et suivi par 80 infirmières de 26 différentes
nationalités. Le programme d'études a été élaboré en collaboration
avec le « Bedford College », où les élèves ont été logées pendant toute
la durée de cours. Les fonds destinés à couvrir les frais occasionnés par
ce cours ont été offerts par les Croix-Rouges américaine et britannique.

Les sociétés nationales de la Croix-Rouge avaient été invitées,
en janvier 1928, à envoyer des déléguées de leurs services d'infirmières
à une conférence officieuse qui devait se tenir à Paris en juillet ; cette
conférence avait été organisée afin de connaître les vues des sociétés
nationales quant aux activités futures de la Ligue dans le domaine du
« nursing ». A l'occasion de cette conférence, la section des infirmières
a préparé des rapports sur les travaux réalisés et indiquant les plans
d'avenir. Les recommandations de cette Conférence seront soumises
au Conseil des Gouverneurs.

V.

RAPPORT FINANCIER

1er JANVIER 1927-30 JUIN 1928

Rapport des Experts Comptables — 1927

Le rapport sur l'état des comptes de la Ligue pour 1927, établi
par les soins de MM. Price, Waterhouse et Cie, a été soumis à l'examen
des Comités financier et exécutif du Conseil lors de leurs séances
de mars 1928.

Ce rapport, ainsi que celui du trésorier général qui l'accompagne,
a été ensuite transmis aux sociétés nationales, membres de la Ligue.

On trouvera ci-après, le rapport sus-mentionné, ainsi que le
bilan au 31 décembre 1927, avec les tableaux annexes de recettes et
dépenses sur les fonds généraux et spéciaux de la Ligue :

PRICE, WATERHOUSE AND C^o   *47, avenue de l'Opéra, Paris*
EXPERTS COMPTABLES

Le 8 Mars 1928.

Hon. John Barton Payne,
Président du Conseil des Gouverneurs
de la Ligue des Sociétés de la Croix-Rouge,
            Paris.

Monsieur,

Conformément aux instructions reçues, nous avons procédé à l'examen des livres et des comptes de la Ligue des Sociétés de la Croix-Rouge pour l'exercice prenant fin le 31 décembre 1927, et nous avons l'honneur de vous soumettre notre rapport, les états de compte suivants préparés par nos soins

État   I. — État des disponibilités au 31 décembre 1927.

—   II. — Résumé des recettes et des dépenses pour l'année prenant fin à la date indiquée ci-dessus,

ainsi que les états complémentaires énumérés ci-dessous, qui donnent le détail des recettes et des dépenses afférentes à chacun des fonds indiqués.

État   III *a* et *b*. — Fonds généraux.

—   IV. — Fondation « Bourses pour Infirmières ».

—   V. — Résumé du mouvement des fonds avec affectations spéciales.

—   VI. — Fonds divers avec affectations spéciales.

—   VII. — Fondation Laura Spelman Rockefeller.

—   VIII. — Fonds affecté à l'aménagement du foyer des Infirmières.

—   IX. — État des subventions accordées à la Croix-Rouge de la Jeunesse.

—   X. — État du stock des insignes de la Croix-Rouge.

Notre examen comprend une vérification détaillée, pour l'exercice que couvre le présent rapport, des dépenses avec pièces justificatives, des recettes avec reçus en duplicata, et du grand livre avec les documents s'y rapportant, ainsi qu'une vérification, au 31 décembre 1927, du solde créditeur des Fonds généraux de la Fondation « Bourses pour Infirmières » et des autres Fonds avec affectations spéciales administrés par la Ligue.

AUTORISATION DES DÉPENSES

Nous avons accepté, comme autorisation pour les dépenses encourues les initiales ou la signature apposée par le Secrétaire général M. T. B. Kittredge, sur chaque document, ainsi que les initiales ou la signature de M. M. R. de Roussy de Sales et L. de Gielgud auxquels M. Kittredge avait délégué ses pouvoirs pendant la durée de son absence.

RAPPORT

Nous certifions que toutes les pièces justificatives ayant trait aux paiements effectués nous ont été soumises et que les livres et les comptes ont été tenus avec le plus grand soin pendant la période que couvre notre rapport.

Veuillez agréer, etc...

PRICE, WATERHOUSE & Co.

ÉTAT DES DISPONIBILITÉS

Au 31 décembre 1927

(Établi en dollars des E. U.)　　　　Etat I

Désignations	Fonds généraux	Fondation de bourses pour infirmières	Fonds spéciaux	Totaux
Actif :				
Espèces en Banque.	—	4.795,00	31.732,86	36.527,86
Espèces en caisse.	—	51,58	984,25	1.035,83
Avances faites aux délégués de la Ligue	1.054,54	—	—	1.054,54
Sommes recouvrables	3.587,66	1.127,14	—	4.714,80
Total de l'actif	4.624,20	5.973,72	32.717,11	43.333,03
Dépôts en garantie et charges en suspens.	1.610,11	4.159,51	—	5.769,62
Mobilier et matériel, 2 avenue Vélasquez, Paris. . . .	—	—	—	—
Mobilier et matériel, valeur inventaire	7.990,04	—	—	—
Matériel cinématographique .	62,01	—	—	—
Bibliothèque	1.337,48	—	—	—
Fournitures générales et de bureau	1.496,06	—	—	—
Insignes de la Croix-Rouge. .			12.574,81	23.460,40
15, Manchester Square, Londres	—	—		
Bail, moins détérioration. . .	—	6.980,47	—	—
Modifications et réparations, moins détérioration	—	3.119,53	—	—
Mobilier matériel et installation, moins détérioration	—	10.053,16	—	—
Bibliothèque	—	21,00	—	20.174,16
Total	10.785,59	20.174,16	12.574,81	43.634,56
Total de l'actif.	17.137,90	30.307,39	45.291,92	92.737,21
Moins créances :				
Créditeurs divers	2.181,59	1.295,63	—	3.477,22
Contributions pour l'année 1928 reçues en 1927.	60,00	15.210,53	—	15.270,53
Total du passif.	2.241,59	16.506,16	—	18.747,75
Solde	14.896,31	13.801,23	45.291,92	73.989,46
A ajouter ou à déduire :				
Sommes prélevées temporairement sur d'autres fonds pour être affectés à la Fondation « Bourses pour Infirmières ».	46,89	10.570,43	10.523,54	—
Solde des disponibilités au 31 décembre 1927 (An. II) .	14.943,20	3.230,80	55.815,46	73.989,46

ÉTAT II

RÉSUMÉ DES RECETTES ET DES DES DÉPENSES

POUR L'EXERCICE PRENANT FIN LE 31 DÉCEMBRE 1927

(Établi en dollars des E. U.)

Désignations	Fonds généraux	Fondation de bourses pour infirmières	Fonds spéciaux	TOTAUX
	États III, IIIa et IIIb	État IV	État V	
Recettes de l'année.	241.039,26	41.751,12	37.235,53	320.025,91
A déduire : Dépenses de l'année	251.874,75	34.836,10	32.201,40	318.912,25
Excédent ou déficit pour l'année	10.835,49	6.915,02	5.034,13	1.113,66
Excédent ou déficit reporté au 1er janvier 1927. . . .	25.778,69	3.684,22	50.781,33	72.875,80
Solde des disponibilités au 31 décembre 1927	14.943,20	3.230,80	55.815,46	73.989,46

ÉTAT DES RECETTES ET DES DÉPENSES POUR L'EXERCICE PRENANT FIN LE 31 DÉCEMBRE 1927

Recettes		Prévisions budgétaires pour l'année 1927	Dépenses		Prévisions budgétaires pour l'année 1927
Contributions de la Croix-Rouge américaine.	213.500	208.000	Frais généraux d'administration. . .	145.460,42	135.000
Contributions des autres Sociétés. .	23.031,24	25.000	Croix-Rouge américaine :		
Total.	236.531,24	233.000	I. Frais d'administration de la Croix-Rouge de la Jeunesse .	21.113,90	25.000
Don de matériel offert par la Cie générale de l'Ozone 102,45			III. Allocations pour Bourses d'Infirmières	18.500 —	10.000
Intérêts sur compte en Banque 782,87			IV. Développement des projets relatifs à la profession de l'infirmière	12.414,41	16.000
Sommes reçues à titre de publicité 332,69			V. Bureau panaméricain pour le développement de la Croix-Rouge dans l'Amérique latine	10.536,30	12.000
Ventes :			VI. Aide à d'autres Sociétés pour le développement de la Croix-Rouge et la propagande. . .	14.586,33	18.000
Publications de la Ligue . . . 1.221,26			VII. Visites du personnel de la Croix-Rouge à la Ligue . . .	2.303,44	3.000
Divers 1.419,58 2.640,84			VIII. Développement des projets et de la propagande d'hygiène	5.716,56	9.000
Différence sur le change . 649,19	4.508,02	25.000	IX. Enquêtes et administration du fonds de secours.	11.481,47	12.000
Total.	241.039,26	258.000	XX. Aide aux institutions internationales d'hygiène	3.446,66	3.000
			XI. Projets divers.	984,75	
Excédent des dépenses sur les recettes suivant État II	10.835,49		Dépenses diverses :		
			Indemnités de maladie . 1.155,91		
			Détérioration 4.007,35		
			Divers 55,25	5.308,51	15.000
Total.	251.874,75	258.000	Total.	251.874,75	258.000

DÉTAIL DES DÉPENSES   État IIIa.
PRÉLEVÉES SUR LES FONDS GÉNÉRAUX

Pour l'exercice prenant fin le 31 décembre 1927

Chapitres	Dépenses	Prévisions budgétaires pour 1927
I. Traitements.	146.795,10	149.000
II. *a)* Voyages du personnel de la Ligue 13.547,50		
b) Visites du personnel de la Croix-Rouge 2.303,44	15.850,94	10.000
III. *a)* Fournitures 3.325,39		
b) Périodiques et brochures . 655,30		
c) Films 717,59		
d) Photographies 135,85	4.834,13	8.000
IV. *a)* Frais d'imprimerie 20.120,58		
b) Articles 154,64		
c) Traductions 732,61	21.007,83	22.000
V. *a)* Loyer 3.514,10		
b) Chauffage 1.453,35		
c) Éclairage. 551,12		
d) Téléphone 418,01		
e) Frais d'entretien 1.854,47		
f) Réparations et aménagement 950,38		
g) Assurance 481,32	9.202,73	7.000
VI. *a)* Télégrammes et câbles . . 1.014,49		
b) Frais postaux 5.917,69		
c) Frais de transport 1.550,58	8.482,76	6.500
VII. *a)* Frais bancaires 64,11		
b) Frais de vérification . . . 800,—		
c) Détérioration. 4.097,35		
d) Divers. 1.041,60	6.003,06	3.000
VIII. Réserve	3.103,38	6.000
IX. Conférences	2.466,42	1.500
X. Allocations pour Bourses d'Infirmières.	18.500,—	18.000
XI. Foyers des Infirmières.	—	1.000
XII. Projets relatifs à la profession de l'Infirmière	5.983,41	7.500
XIII. Projets de la Croix-Rouge de la Jeunesse.	4.263,25	5.000
XIV. Projets d'hygiène	1.429,06	4.500
XV. Projets de secours.	1.810,02	4.000
XVI. Projets divers.	2.140,66	5.000
Totaux	251.874,75	258.000

DES SOCIÉTÉS NATIONALES DE LA CROIX-ROUGE AU BUDGET ORDINAIRE DE LA LIGUE

Pour l'exercice prenant fin le 31 décembre 1927

Sociétés	Monnaies étrangères		Dollars (E.U.)	Prévisions budgétaires pour 1927
Croix-Rouge australienne	£	200.0.0	968,—	
» autrichienne			47,15	
» belge	Fr. Fcs	5.000,—	200,—	
» britannique**	£	500.0.0	2.420,—	
» britannique	£	1.000.0.0	4.840,—	
» bulgare	Sw. Fcs	500,—	97,76	
» canadienne			2.500,—	
» chilienne	F. Fcs	20.000,—	800,—	
» colombienne	F. Fcs	3.000,—	120,—	
» costaricienne*			18,75	
» cubaine			500,—	
» tchécoslovaque	Cz. Kr.	25.000,—	752,30	
» dantzikoise			25,—	
» équatorienne*	F. Fcs	750,—	28,84	
» esthonienne			42,—	
» allemande*	R. Mks	1.000,—	233,27	
» allemande	R. Mks	6.000,—	1.456,40	
» hellénique**	F. Fcs	3.000,—	120,—	
» hellénique	F. Fcs	6.000,—	240,—	
» guatémalienne	F. Fcs	1.000,—	40,—	
» hongroise*	F. Fcs	1.477,60	59,10	
» islandaise	F. Fcs	1.000,—	40,—	
» de l'Inde	Roupies	3.000,—	1.081,43	
» italienne	F. Fcs	25.000,—	1.000,—	
» du Japon	F. Fcs	66.154,—	2.646,16	
» lettone	F. Fcs	2.000,—	80,—	
» luxembourgeoise**	Belg. Fcs	250,—	7,01	
» luxembourgeoise	Belg. Fcs	500,—	14,01	
» néerlandaise**	Florins	500,—	201,71	
» néerlandaise	Florins	500,—	199,32	
» néo-zélandaise	£	75.0.0	363,—	
» polonaise	Zloty	2.000,—	277,76	
» roumaine	Lei	20.000,—	121,33	
» serbe	F. Fcs	6.692,—	267,68	
» siamoise*	F. Fcs	9.375,—	302,41	
» sud-africaine	£	25.0.0	121,—	
» espagnole	F. Fcs	20.000,—	800,—	
» uruguayenne	F. Fcs	1.246,45	49,85	
			23.031,24	25.000
Croix-Rouge américaine :				
Contribution générale		180.000,—		
Administration de la Croix-Rouge de la Jeunesse		25.000,—		
Contribution supplémentaire pour l'organisation de cours spéciaux au Foyer des Infirmières		8.500,—	213.500,—	208.000
Totaux			236.531,24	233.000

* Contributions pour l'exercice 1927, reçues en 1926.
** Contributions pour l'exercice 1926, reçues en 1927.

ÉTAT DES RECETTES ET DES DÉPENSES POUR L'EXERCICE PRENANT FIN LE 31 DÉCEMBRE 1927. ÉTAT IV.

Recettes

Recettes	Exercice 1925-1926 Livres sterling	Exercice 1925-1926 Équivalent en dollars	Exercice 1926-1927 Livres sterling	Exercice 1926-1927 Équivalent en dollars	Totaux Livres sterling	Totaux Équivalent en dollars
Contributions						
Ligue des Sociétés de la Croix-Rouge	1.205.4.6	5.833,29	2.617.1.7	12.666,71	3.822.6.1	18.50
Commonwealth Fund	—	—	1.500.0.0	7.260,—	1.500.0.0	7.26
Croix-Rouge britannique	230.0.0	1.210,—	564.10.2	2.732,22	814.10.2	4.94
Croix-Rouge siamoise	—	—	227.4.0	1.108,49	227.4.0	.10
Croix-Rouge canadienne	—	—	200.0.0	968,—	200.0.0	96
Miss Edie	—	—	158.0.0	764,72	158.0.0	74
Croix-Rouge tchécoslovaque	—	—	115.14.0	559,98	115.14.0	53
Croix-Rouge néerlandaise	—	—	100.0.0	484,—	100.0.0	48
TOTAUX	1.455.4.6	7.043,29	5.482.9.9	26.544,12	6.937.14.3	33.58
A déduire :						
Sommes appartenant à l'exercice 1927-28. Contributions afférentes à la période janvier-juillet 1928	—	—	3.136.9.8	15.210,53	3.155.9.8	15.21
TOTAUX	1.255.4.6	7.043,29	2.347.0.1	11.333,59	3.802.4.7	18.3
Recettes diverses :						
Sommes reçues des visiteurs et des élèves	—	—	13.18.1	67,41	13.18.1	6
Bail du 15 Manchester-Square, don de la Croix-Rouge britannique	—	—	2.500.0.0	12.100,—	2.500.0.0	12.1
Frais d'aménagement prélevés sur le fonds destiné à l'installation	—	—	2.303.2.7	11.170,16	2.303.2.7	11.1
Différence sur le change	—	—	—	56'67	—	3
TOTAUX	1.455.4.6	7.043,29	7.164.0.9	34.707,83	8.619.5.3	41.7

Dépenses

Dépenses	Exercice 1925-1926 Livres sterling	Exercice 1925-1926 Équivalent en dollars	Exercice 1926-1927 Livres sterling	Exercice 1926-1927 Équivalent en dollars	Totaux Livres sterling	Totaux Équivalent en dollars
[Droi]ts d'inscriptions, livres, allocations	912.4.7	4.415,17	1.380.17.6	6.738,83	2.302.2.1	11.153,80
[...] d'entretien	1.617.17.3	7.830,46	812.11.6	3.940,99	2.430.8.8	11.771,45
[Trait]ements du personnel	198.13.10	961,69	374.3.5	1.813,70	572.17.6	2.775,39
[Loy]er, contributions, impôts et assurance	115.5.11	558,05	142.15.11	693,32	258.4.10	1.251,37
[Frais] du bureau	72.2.4	349,09	90.4.4	406,63	168.6.8	815,72
[Amé]lioration, modifications et réparations	100.5.2	485,23	71.12.3	346,61	171.17.5	831,84
[illegible]	—	—	1.057.15.0	5.119,53	1.057.15.0	5.119,53
[Maté]riel	—	—	230.6.2	1.117,—	230.6.2	1.117,—
	3.016.9.1	14.599,69	4.175.9.3	20.236,41	7.191.18.4	34.836,10
[Excé]dent ou déficit des recettes de l'année, suivant État II	1.561.4.7	7.556,40	2.988.11.6	14.471,42	1.427.6.11	6.915,02
TOTAUX	1.455.4.6	7.043,29	7.164.0.9	34.707,83	8.619.5.3	41.751,12

État V.

RÉSUMÉ DES TRANSACTIONS OPÉRÉES
PAR LES FONDS SPÉCIAUX ADMINISTRÉS PAR LA LIGUE

Pendant l'exercice prenant fin le 31 décembre 1927

(Établi en dollars des E. U.)

Désignations	Recettes	Dépenses	Excédent ou déficit des recettes pour l'année (État II)	Excédent ou déficit reporté au 1er janv. 1927	Excédent au 31 déc. 1927
Fonds divers avec affectations spéciales (État VI)	10.766,15	6.950,61	3.815,54	895,71	4.711,25
Fondation Laura Spelman Rockefeller (État VII) . . .	15.000,—	9.951,53	5.048,47	953,01	4.095,46
Fondation pour l'aménagement du Foyer des Infirmières (État VIII).	215,38	89,48	125,90	29.008,09	29.133,99
Fonds des subventions accordées à la Croix-Rouge de la Jeunesse (État IX)	11.254,—	10.304,40	949,50	4.350,45	5.299,95
Fonds des insignes de la Ligue (État X)	—	4.905,28	4.905,28	17.480,09	12.574,81
Totaux.	37.235,53	32.201,40	5.034,13	50.781,33	55.815,46

FONDS DIVERS AVEC AFFECTATIONS SPÉCIALES

ÉTAT DES RECETTES ET DES DÉPENSES POUR L'EXERCICE PRENANT FIN LE 31 DÉCEMBRE 1927

Désignations	Solde au 31 déc. 1926	Recettes	Dépenses	Solde au 31 déc. 1927
Frais de retour du personnel américain.	328,45			328,45
Compte Mme du Bellet	148,—		148,—	
Fonds affectés à la section Émigration	214,99		3,38	211,61
Fonds affectés à la Croix-Rouge de la Jeunesse	120,—	46,—	166,—	
Frais de voyage de Mme Kanetkar.	84,27	0,18		84,45
Secours aux réfugiés bulgares				
Croix-Rouge de Norvège		152,66	152,66	
Croix-Rouge du Salvador		150,—	150,—	
Fondation Laura Spelman Rockefeller		5.000,—	5.000,—	
Assistance aux sinistrés des îles Açores				
Croix-Rouge du Salvador		100,—	100,—	
Croix-Rouge de l'Équateur		80,—	80,—	
Assistance internationale aux émigrants.		9,—	9,—	
Comité exécutif de la Conférence du Service social				
Croix-Rouge du Japon.		468,—		
Mme Spitzer.		200,—		
Fondation Laura Spelman Rockefeller		2.500,—	1.104,26	4.068,54
Commonwealth Fund		2.000,—		
Y. M. C. A. Genève		4,80		
Inondations en Europe		33,71	33,71	
Sœur Rose, Ecole d'Infirmières à Lima		3,29	3,29	
Croix-Rouge de Serbie		18,51	0,31	18,20
TOTAUX	895,71	10.766,15	6.950,61	4.711,25

FONDATION LAURA SPELMAN ROCKEFELLER

ÉTAT DES RECETTES ET DES DÉPENSES POUR L'EXERCICE PRENANT FIN LE 31 DÉCEMBRE 1927

(Établi en dollars des E. U.)

Désignations		Dépenses	Recettes (subventions pour l'exercice 1927)
Conférences :			
Semaine des Éducateurs-Bruxelles	4.477,92		
États Baltes	250,—		
Coire-Genève	71,47		
Fédération universelle des Associations pédagogiques	4,56		
Congrès des Éducateurs-Budapest	200,—		
Divers	1,40	5,005.35	6,000.—
Publications :			
Suppléments illustrés	812,40		
Publications de la Croix-Rouge de la Jeunesse	371,73		
Dépliants Salzedo	29,82		
Affiches Salzedo	8,—		
Frais de transport	513,89		
Publication de la correspondance interscolaire	144,32		
Films	411,43		
Frais de transport des films	74,94	1,468.03	3,000.—
Articles destinés aux rédacteurs des revues de la Croix-Rouge de la Jeunesse		1,569.81	3,000.—
Correspondance interscolaire-Démonstrations		1,291.06	1,000.—
Stages d'études		617.28	2,000.—
TOTAUX		9,951.53	15,000.—

RÉSUMÉ

Dépassement du crédit au 31 décembre 1927	953,01
Recettes ci-dessus	15.000,—
Dépenses ci-dessus	14.046,99
	9.951,53
Disponibilités au 31 décembre 1927	4.095,46

FONDS DESTINÉ A L'AMÉNAGEMENT
DU FOYER DES INFIRMIÈRES

État des recettes et des dépenses pour l'exercice
prenant fin le 31 décembre 1928

Désignations	Montant	
Disponibilités au 31 décembre 1926		29.008,09
A ajouter : Recettes.		
Contribution de la Croix-Rouge esthonienne	145,20	
Contribution de la Croix-Rouge de l'Union Sud-Africaine	58,08	
Vente d'insignes.	12,10	215,38
		29.223,47
A déduire : Dépenses.		
Un appareil de nettoyage par le vide et accessoires		89,48
		29.133,99

SUBVENTIONS ACCORDÉES
A LA CROIX-ROUGE DE LA JEUNESSE

ÉTAT DES RECETTES ET DES DÉPENSES POUR L'EXERCICE
PRENANT FIN LE 31 DÉCEMBRE 1927

(Établi en dollars E. U.)

Désignation	Montant	
Disponibilités au 31 décembre 1926		4.350,45
A ajouter : Recettes.		
Contributions de la Croix-Rouge américaine	11.250,—	
Don du lycée Rollin	4,—	11.254,—
TOTAUX.		15.604,45
A déduire : Dépenses.		
Croix-Rouge bulgare	1.850,—	
— tchécoslovaque	1.042,50	
— esthónienne	1.501,25	
— hellénique.	1.000,—	
— hongroise	225,—	
— yougoslave	211,25	
— lettone	1.518,—	
— lithuanienne.	301,50	
— polonaise	1.255,—	
— roumaine	500,—	
— serbe	900,—	10.304,50
Disponibilités au 31 décembre 1927		5.229,95

STOCK DES INSIGNES DE LA CROIX-ROUGE

État des recettes et des dépenses pour l'exercice prenant fin le 31 décembre 1927

(Établi en dollars E. U.)

Désignations	Montant	
Disponibilités au 31 décembre 1926		17.480,—
		17.480,—
A ajouter : Recettes.		
A déduire : Dépenses.		
Dons	265,74	
Vente dont le produit figure au chapitre des recettes dans les fonds généraux	771,14	
Ajustement de la valeur des insignes en or selon nouvelle évaluation d'un expert.	3.868,40	4.905,28
Total		12.574,81

* *

La situation financière de la Ligue, telle qu'elle ressort de ce rapport, peut se résumer comme suit :

Recettes totales de toute nature . . . . $ 320.025,91
Dépenses totales à toutes fins 318.912,25

Excédent de recettes pour 1927 . . . . $ 1.113,66

Ressources totales de la Ligue au 31 décembre 1927. . . . $ 73.989,46

1927	Évaluation budgétaire	Chiffres réels
Fonds général. Recettes	$ 258.000	$ 241.039,26
Dépenses.	258.000	251.874,75

Dépenses pour l'année 1927

Au cours de 1927, les dépenses de la Ligue ont donc été inférieures d'environ 7.000 dollars aux chiffres autorisés, mais les recettes sont restées approximativement de 17.000 dollars en dessous des estimations. Cette différence est due, pour une part, à l'avance faite par la Croix-Rouge américaine, en 1926, d'une tranche de sa contribution pour 1927 et d'autre part, au fait que diverses sociétés n'avaient pas encore versé leurs contributions au 31 décembre, époque à laquelle les livres ont été arrêtés.

Tandis que les dépenses sur les fonds généraux ont été inférieures de 7,000 dollars aux crédits autorisés, elles ont dépassé les recettes d'environ 11.000 dollars. Il y a à cela une double explication :

a) l'allocation d'une somme de 8.500 dollars prise sur les fonds généraux pour couvrir les dépenses destinées à l'amélioration du Cours International d'Infirmières à Bedford College et à l'organisation du cours d'été prévu pour 1928 ;

b) une somme de 4.152,60 **dollars**, écriture passée pour dépréciation de mobilier et de matériel, mais qui ne représente aucune dépense réelle au cours de l'année.

On trouvera une comparaison, par chapitres, entre les dépenses effectives et les évaluations budgétaires pour 1927 au Tableau III-*a* du rapport des experts comptables.

Les dépenses indiquées dans les divers postes ont été plus que compensées par des économies équivalentes dans d'autres chapitres. Comme la Ligue doit adapter son programme aux modifications de circonstances, le Conseil des Gouverneurs, en votant le budget, a fixé le total général et autorisé le Comité Exécutif et le secrétaire général à procéder à des rajustements dans les chiffres alloués pour des buts déterminés, pourvu que la somme totale ne soit pas dépassée.

En 1927, les excédents de dépenses ont été dus : Chapitres II (Voyages) et IX (Conférences) au paiement, cette année-là, d'une grande partie des frais de la délégation envoyée à la Conférence de Tokio, en 1926 ; Chapitres V (loyer, chauffage, éclairage, etc.) et VI (frais postaux, télégrammes, etc.) à la hausse des prix à Paris. La somme indiquée pour dépréciation n'est qu'une écriture et ne représente aucune dépense effective.

Contributions

En 1927, des contributions au budget de la Ligue ont été reçues de 34 sociétés nationales, à savoir :

Allemagne, Australie, Autriche, Belgique, Bulgarie, Canada, Chili, Colombie, Costa-Rica, Cuba, Dantzig, États-Unis, Équateur, Espagne, Esthonie, Grande-Bretagne, Grèce, Guatemala, Hongrie, Inde, Islande, Italie, Japon, Lettonie, Luxembourg, Nouvelle-Zélande, Pays-Bas, Pologne, Roumanie, Royaume des S. C. S., Siam, Tchéco-Slovaquie, Union Sud-Africaine, Uruguay.

En outre, les sociétés de la Croix-Rouge argentine, brésilienne, chinoise et lithuanienne ont promis des contributions qui n'avaient pas été reçues au 31 décembre 1927.

Les recettes, au courant de l'année, ont été les suivantes :

Contributions de la Croix-Rouge américaine :

Fonds généraux	$ 180.000	
Croix-Rouge de la Jeunesse.	25.000	
Cours d'Infirmières	8.500	
Projets de la Croix-Rouge de la Jeunese . .	11.250	
		$ 224.750,00
Contributions des autres Sociétés (Fonds généraux) . .		$ 23.031,24
Bourses pour Infirmières		41.751,12
Fonds Spéciaux		25.985,53
Recettes diverses		4.508,02
TOTAL DES RECETTES.		$ 320.025,91

RAPPORT PROVISOIRE DU TRÉSORIER GÉNÉRAL
(1er JANVIER — 30 JUIN 1928)

Le rapport provisoire du trésorier général concernant les **six** premiers mois de 1928 peut être résumé comme suit :

Recettes nettes.	Fonds généraux	$ 128.458,65	
Dépenses nettes.	—		$ 116.293,92
Recettes.	Fonds spéciaux	47.594,59	
Dépenses.	—		71.275,43
	TOTAL DES RECETTES.	$ 176.053,23	
	TOTAL DES DÉPENSES		$ 187.569,35
Excédent de dépenses			$ 11.516,12
Fonds Généraux. Excédent de recettes . .	$ 12.164,73		

Pendant les six premiers mois de 1928, les fonds généraux de la Ligue ont eu un excédent de recettes de 12.150 dollars environ, tandis que les fonds spéciaux accusent un excédent de dépenses de 11.500 dollars. Ceci est dû à l'achat du bail de l'immeuble sis 15 Manchester Square pour une durée de 24 années et d'une valeur de 29.133 dollars. Cet achat a été rendu possible grâce aux contributions du fonds général et des sociétés nationales mentionnées dans ce rapport.

Les dépenses nettes dépassent de 3.800 dollars la somme qui représente la moitié des évaluations budgétaires pour toute l'année. Certainesdépenses élevées, par exemple celle des missions aux Dominions britanniques (Gén. Champain) et en Amérique centrale (M. Larrosa), figurent dans les chiffres de la première moitié de l'année, et, comme elles seront proportionnellement moins lourdes dans le deuxième semestre, il est probable que le rapport définitif de décembre 1928 accusera une dépense totale légèrement inférieure aux crédits autorisés.

Dans le tableau ci-après, on remarquera que les principaux excédents de dépenses s'appliquent aux chapitres I (Traitements) ; II (Voyages) et III (Fournitures). Le départ ou l'absence de certains membres du personnel diminueront les chiffres des traitements du semestre en cours. Nous avons déjà parlé des frais de voyages. Enfin, dans les dépenses pour fournitures, figure une somme de 1.575 dollars pour achats faits d'avance en vue de nos besoins futurs.

Les dépenses sur les fonds généraux, pour une période de six mois, comparées, chapitre par chapitre, avec les évaluations budgétaires d'un demi-exercice, donnent les chiffres approximatifs suivants :

Chapitres	Évaluations budgétaires	Dépenses	Excédents de dépenses	Économies
	$	$	$	$
I. Traitements	75.000	76.540	1.540	—
II. Voyages, visites	6.000	10.595	4.595	—
III. Fournitures, etc.	3.500	5.245	1.745	—
IV. Publications	10.500	7.370	—	3.130
V. Câbles, frais postaux	4.000	4.130	130	—
VI. Loyer, chauffage, éclairage, etc.	3.500	4.195	695	—
VII. Frais de transports, Divers.	1.000	1.170	170	—
VIII. Réserve	3.000	2.550	—	450
IX. Projets de la Section des Infirmières	3.000	3.720	720	—
X. Projets de la Section de l'Hygiène.	1.250	640	—	610
XI. Projets de la Section de Secours.	1.500	540	—	960
XII. Projets divers	250	130	—	120
Installations	—	1.045	1.045	—
Totaux	112.500	117.870	10.640	5.270
Moins achats faits d'avance.	—	1.575	1.575	—
Totaux	112.500	116.295	9.065	5.270
Excédent net de dépenses	—	3.795	3.795	—

Fonds spéciaux contrôlés par la Ligue

En 1927, une partie des dépenses sur les fonds spéciaux avait été comprise dans le budget du siège central. Suivant une suggestion du président du Comité Financier, approuvée par le Conseil des Gouverneurs, en mai 1927, ces postes ont été retirés du budget général de 1928 et figurent aux fonds spéciaux.

Les dépenses sur ces fonds dépendent naturellement des rentrées. Le tableau ci-après donne la position au 30 juin 1928, avec indication des soldes au 31 décembre 1927, et les rentrées et dépenses totales pour la période comprise entre le 1er janvier et le 30 juin 1928.

	Fonds des bourses pour infirmières	Subventions et projets de la Croix-Rouge de la Jeunesse	Fonds divers avec affectations spéciales
	$	$	$
Solde au 1er janvier 1928	3.230,80	9.395,41	33.845,24
Rentrées du 1er janvier 1928 au 30 juin 1928	7.775,87	8.252,00	31.566,71
Ensemble	11.006,67	17.647,41	65.411,95
Dépenses du 1er janvier 1928 au 30 juin 1928	10.630,85	11.859,20	48.785,38
Solde au 1er juillet 1928	375,82	5.788,21	16.626,57

Recettes

Pendant les six premiers mois de 1928, les contributions suivantes ont été reçues des sociétés nationales :

Équivalent en dollars

Croix-Rouge allemande : R. M. 3.000	728,20
autrichienne.	25 —
britannique : £ 500.0.0 . . . . : . . .	2.425 —
canadienne	2.500 —
chilienne : francs français : 20.000	800 —
dantzigoise	25 —
équatorienne : francs français : 1.500	60 —
espagnole : » 25.000	984,28
esthonienne.	67,03
hellénique : francs français : 6.000	240 —
des Indes : » 26.400	1.056 —
italienne : » 40.000	1.600 —
japonaise : yens : 7.975	3.708,15
lettone : francs français : 2.500	100 —
lithuanienne : francs français : 1.500	60 —
luxembourgeoise : francs belges : 1.000	27,78
mexicaine : francs français : 2.476	99,04
néo-zélandaise : £ 50.0.0	242,50
polonaise : zlotys : 2.000	224,64
serbe, croate et slovène : dinars : 20.000	356,17
siamoise : francs français : 22.300	877,95
sud-africaine : £ 25.0.0	121,25
TOTAL	16.327,99
Croix-Rouge américaine (6 mois à $ 15.000)	90.000 —
TOTAL GÉNÉRAL.	106.327,99

D'autres contributions avaient, en outre, été promises, mais non versées avant le 30 juin, à savoir :

Équivalent
en dollars

Grande-Bretagne (£ 500 déjà versées) : £ 500 . . . . 2.425 —
Allemagne (Mk. 3.000 déjà versés) : Mk. 3.000 . . . . 730 —
Australie (reçus depuis) : £ 200 . . . . 970 —
Tchécoslovaquie : Ck. Kr. 25.000 . . . . 800 —
Roumanie (reçus depuis) : Lei : 20.000 . . . . 125 —
Hongrie . . . . 60 —
Union sud-africaine : £ 25 . . . . 120 —
                        5.230 —
Croix-Rouge américaine (6 mois à $ 17.083) . . . . 102.500 —

Pendant les six premiers mois de 1928, la Croix-Rouge américaine a donc continué à verser sa contribution habituelle, et 26 autres pays ont versé, ou promis de verser, des contributions s'élevant à un total de 21.560 dollars, contre 23.000 dollars reçus de 33 sociétés en 1927. 16 autres sociétés qui avaient versé au cours des années précédentes, un total d'environ 4.000 dollars, n'ont pas encore répondu. Les contributions totales de 1928 dépasseront donc, selon toutes probabilités, celles reçues dans les exercices antérieurs.

Le total des recettes pendant la première moitié de 1928 a été le suivant :

Fonds Généraux. Contribution de la Croix-Rouge américaine $ 90.000 —
— Contributions des autres sociétés . . . 16.327,99
— Contributions spéciales (Manchester Square) 24.406,09
— Revenus divers 2.724,55
Fonds Spéciaux. Bourses pour infirmières 7.775,87
— Projets Croix-Rouge de la Jeunesse . . . 8.252 —
— Fonds divers avec affectations spéciales . 31.566,71
                        $ 181.053,21
Moins somme portée deux fois (allocation des fonds généraux aux bourses pour infirmières) 4.999,98
     Total des recettes nettes . . . . $ 176.053,23

Contributions pour le renouvellement du bail de l'immeuble du foyer des infirmières pour la période 1er janvier au 30 juin 1928

Quand le Foyer des Infirmières a été créé à Londres, un appel spécial a été adressé aux sociétés nationales pour leur demander de contribuer aux frais de cette fondation. La somme reçue en réponse s'est élevée à 43.280 dollars. Le bail du N° 15 Manchester Square, pour une période originelle de six ans trois quarts (avec option de renouvellement), a été acheté pour une somme de 2.500 livres sterling, équivalant à la contribution de la Croix-Rouge britannique.

La Ligue a été autorisée, en 1927, par le Comité Exécutif à négocier le renouvellement de ce bail. Elle a de ce fait reçu une offre de prolongation de 24 ans, moyennant paiement de 5.800 livres sterling et un loyer annuel de 200 livres sterling. Ces conditions ont été acceptées par le Comité Exécutif, le 30 mars 1928, et le secrétariat a été chargé de lancer un nouvel appel aux sociétés nationales pour qu'elles contribuent à cette dépense.

Au reçu de cet appel, les pays ci-après ont contribué comme suit à l'achat du bail :

Croix-Rouge américaine	$ 10.000 —
Croix-Rouge britannique (£ 2.900)	14.065 —
Croix-Rouge lettone (fr. 4.889,95).	195,59
Croix-Rouge polonaise (£ 30)..	145,50
	$ 24.406,09

En outre, les contributions suivantes avaient été promises, mais non versées, au 30 juin 1928 :

Croix-Rouge hongroise	£ 10.0.0
Croix-Rouge japonaise	yen 1.000 (reçu depuis)
Croix-Rouge siamoise	£ 92.6.4 —

Conclusions

Le secrétariat de la Ligue a fait tous les efforts possibles pour réduire les dépenses au minimum compatible avec ses responsabilités. Aucune nouvelle réduction ne peut être effectuée sans une élimination proportionnelle d'une partie de ses activités actuelles. Pour assurer un contrôle complet de toutes les dépenses, un Comité budgétaire du secrétariat, spécialement créé, et présidé par le trésorier général, ou son assistant, examine toutes les demandes des Services impliquant des dépenses et soumet son avis au secrétaire général. En examinant ainsi scrupuleusement toutes les dépenses courantes, il a été possible, au cours des cinq dernières années, de doubler à peu près le rendement du travail du secrétariat, sans augmentation appréciable de frais.

D'année en année cependant, avec le développement des sociétés nationales, les demandes adressées au secrétariat croissent en nombre et en variété. Les possibilités d'activité efficace de sa part augmentent ainsi continuellement. Elles ne peuvent se réaliser que dans la proportion où le budget général de la Ligue fera face aux dépenses ainsi créées.

Soumis à l'examen du Conseil des Gouverneurs.

T. B. KITTREDGE,

Secrétaire Général.

ANNEXE

EXLIBRIS

STATUTS DE LA CROIX-ROUGE INTERNATIONALE

Article I

La Croix-Rouge internationale comprend les sociétés nationales, le Comité international de la Croix-Rouge et la Ligue des Sociétés de la Croix-Rouge. La plus haute autorité délibérante de la Croix-Rouge internationale est la Conférence internationale. La Conférence internationale se compose de délégations de toutes les sociétés nationales, de délégués des États participants aux Conventions de Genève, ainsi que de délégués du Comité international de la Croix-Rouge et de délégués de la Ligue des Sociétés de la Croix-Rouge.

La Conférence internationale conserve ses attributions actuelles ; elle a en outre la mission d'assurer l'unité des efforts des sociétés nationales, du Comité international de la Croix-Rouge et de la Ligue des Sociétés de la Croix-Rouge.

La Conférence internationale, sous réserve des présentes dispositions et sous réserve de l'établissement d'un nouveau règlement adopté dans les formes indiquées à l'Article XI ci-dessous, continue à être régie par son règlement actuel.

Article II

La Conférence a pouvoir de prendre des décisions.

Toutefois, elle ne pourra pas modifier les statuts du Comité international de la Croix-Rouge ni ceux de la Ligue des Sociétés de la Croix-Rouge. De même, le Comité international de la Croix-Rouge et la Ligue des Sociétés de la Croix-Rouge ne prendront aucune décision contraire aux statuts de la Croix-Rouge internationale et aux résolutions de la Conférence, ni aucune décision contraire aux accords intervenus entre eux et homologués par la Conférence.

La Conférence élit son président.

Article III

La Conférence internationale se réunira tous les quatre ans ou, si les circonstances le justifient, à des intervalles de deux ans. Elle sera convoquée par le Comité central d'une société nationale ou par le Comité international de la Croix-Rouge ou par la Ligue des Sociétés de la Croix-Rouge, en vertu d'un mandat conféré à cet effet par la dernière Conférence ou par la Commission permanente prévue à l'Article X. En général, il sera fait droit autant que possible au désir que les diverses sociétés nationales ou le Comité international de la Croix-Rouge ou la Ligue des Sociétés de la Croix-Rouge pourraient exprimer de recevoir la Conférence.

Article IV

Toute réunion de la Conférence internationale comporte la réunion, dans le cadre de la Conférence, du Conseil des Délégués et du Conseil des Gouverneurs.

Le Conseil des Délégués est composé des délégués des sociétés nationales reconnues par le Comité international de la Croix-Rouge, des délégués du Comité international de la Croix-Rouge et des délégués de la Ligue des Sociétés de la Croix-Rouge. Ce Conseil élit son président.

Le Conseil des Gouverneurs est organisé conformément aux statuts de la Ligue.

La présidence de la Conférence, celle du Conseil des Délégués et celle du Conseil des Gouverneurs seront, en règle générale, assumées par trois personnes différentes.

Les attributions du Conseil des Délégués sont :

a) d'arrêter avant l'ouverture de la Conférence de quelle manière et de combien de membres devra être formé le bureau de la présidence de la Conférence et de choisir le président, les vice-présidents et les secrétaires ; ces nominations seront soumises à la ratification de la Conférence ;

b) d'arrêter l'ordre dans lequel les diverses questions et propositions présentées à la Conférence devront être mises en discussion ;

c) de se prononcer et, le cas échéant, de statuer sur les questions et sur les propositions qui lui seront renvoyées par la Commission permanente et par la Conférence.

Les attributions du Conseil des Gouverneurs, en dehors de celles qui lui appartiennent en tant qu'organe de la Ligue des Sociétés de la Croix-Rouge, sont :

de se prononcer et, le cas échéant, de statuer sur les questions et sur les propositions qui lui seront renvoyées par la Commission permanente ou par la Conférence.

ARTICLE V

Les sociétés nationales sont libres dans le choix de leurs représentants à la Conférence internationale, au Conseil des Délégués et au Conseil des Gouverneurs. Toutefois, la qualité de délégué d'une société nationale au Conseil des Délégués ou de représentant au Conseil des Gouverneurs est liée à celle de délégué de cette société à la Conférence internationale. Le représentant d'une société nationale au Conseil des Gouverneurs peut être le délégué de cette société au Conseil des Délégués.

ARTICLE VI

Les conférences spéciales et régionales ne pourront s'occuper que des questions d'un caractère spécial ou régional et ne pourront prendre aucune décision sur des questions déjà tranchées par une Conférence internationale ou réservées par la Conférence pour l'ordre du jour d'une prochaine Conférence internationale. En cas de contestation à ce sujet, la Conférence internationale statuera sur préavis de la Commission permanente visée à l'Article X.

Si le Conseil des Gouverneurs se réunit dans l'intervalle de deux Conférences internationales pour la session bisannuelle prévue par les statuts de la Ligue des Sociétés de la Croix-Rouge, le Conseil des Délégués est également convoqué en même temps et au même lieu par la Commission permanente, si cette convocation est demandée par dix sociétés nationales ou par le Comité international de la Croix-Rouge et cinq sociétés nationales.

Lorsque le Conseil des Délégués ou le Conseil des Gouverneurs se réuniront en dehors de la Conférence internationale, ils ne s'occuperont d'aucune question qui, d'après le règlement de la Conférence, est de la compétence exclusive de celle-ci, et ne pourront prendre aucune décision contraire aux résolutions de la Conférence internationale ni aucune décision concernant des questions déjà tranchées par la Conférence ou réservées par elle pour l'ordre du jour d'une prochaine Conférence.

ARTICLE VII

Le Comité international de la Croix-Rouge reste une institution indépendante ayant son statut propre et se recrutant par co-optation parmi les citoyens suisses. Il reste le gardien des principes de la Croix-Rouge et continue à exercer toute activité humanitaire conformément aux conventions internationales, à ses attributions actuelles et aux mandats qui lui sont ou seront confiés par la Conférence internationale. Il porte à la connaissance des sociétés nationales de la Croix-Rouge la constitution régulière de toute nouvelle société nationale créée conformément aux principes de la Convention de Genève.

Il reste un intermédiaire neutre dont l'intervention est reconnue nécessaire spécialement en cas de guerre, de guerre civile ou de troubles intérieurs. En temps de paix, il continue à travailler à l'apaisement des maux envisagés comme des conséquences de la guerre. En outre, il reste chargé du développement et de la préparation du personnel et du matériel sanitaires nécessaires pour assurer l'activité de la Croix-Rouge en temps de guerre, en collaboration avec les sociétés nationales de la Croix-Rouge et les services de santé militaires des États participant aux Conventions de Genève.

Toutes plaintes au sujet de prétendues infractions aux Conventions internationales et en général toutes questions dont l'examen par un organe spécifiquement neutre s'impose, resteront du domaine exclusif du Comité international de la Croix-Rouge.

ARTICLE VIII

La Ligue des Sociétés de la Croix-Rouge est une association de sociétés nationales de la Croix-Rouge unies dans un but de coopération pratique en temps de paix, d'assistance mutuelle et d'activités communes tel qu'il se trouve défini dans ses statuts en vigueur au jour de l'adoption des présents statuts.

ARTICLE IX

Le Comité international de la Croix-Rouge et la Ligue des Sociétés de la Croix-Rouge collaborent dans les domaines qui touchent en même temps aux activités de l'un et de l'autre, notamment en ce qui concerne les efforts des œuvres d'assistance en cas de calamités nationales ou internationales.

Cette collaboration est assurée entre autres par la nomination d'un représentant accrédité par le Comité international de la Croix-Rouge, auprès de la Ligue et d'un représentant accrédité par la Ligue auprès du Comité international de la Croix-Rouge, conformément aux statuts du Comité international de la Croix-Rouge et de la Ligue des Sociétés de la Croix-Rouge.

ARTICLE X

Il est constitué une Commission permanente composée de :

1) Cinq membres nommés par la Conférence internationale et restant en fonctions jusqu'à la clôture de la Conférence suivante ; au cas où l'un de ces membres se trouve empêché d'assister à une session de la Commission, il peut désigner un suppléant choisi parmi les membres de la société nationale à laquelle il appartient.

2) Deux représentants du Comité international de la Croix-Rouge.

3) Deux représentants de la Ligue des Sociétés de la Croix-Rouge.

Le quorum de la Commission est de cinq.

La Commission désigne un président et un vice-président pour la période qui s'étend d'une Conférence à l'autre.

La Commission a son siège à Genève.

Si, dans un cas déterminé, des circonstances exceptionnelles l'exigent, la Commission permanente pourra se réunir en un autre lieu choisi par le président et approuvé par la majorité de ses membres.

Elle se réunit d'office sur convocation de son président ou à la demande de trois de ses membres.

La Commission permanente tranche, sous réserve de décision définitive éventuelle de la Conférence internationale, les contestations qui pourraient surgir quant à l'interprétation et l'application des présents statuts ainsi que les questions qui lui seraient soumises par le Comité international de la Croix-Rouge ou par la Ligue des Sociétés de la Croix-Rouge, relativement aux divergences qui pourraient survenir entre eux.

La Commission est chargée de préparer, en collaboration avec la Croix-Rouge du pays qui reçoit la Conférence ou — suivant le cas — avec le Comité international de la Croix-Rouge ou avec la Ligue des Sociétés de la Croix-Rouge et sous réserve des points déjà fixés par la précédente Conférence, l'ordre du jour de la prochaine Conférence internationale. Les sociétés nationales de la Croix-Rouge, le Comité international de la Croix-Rouge et la Ligue des Sociétés de la Croix-Rouge proposeront à la Commission permanente l'inscription à l'ordre du jour de questions dont la discussion paraît désirable.

Dans le cas où le lieu de réunion de la Conférence n'aurait pas été fixé par la Conférence précédente, il appartient à la Commission permanente de le déterminer. La Commission permanente sera compétente, en cas de circonstances exceptionnelles, pour avancer ou pour retarder la date de convocation d'une conférence internationale.

ARTICLE XI

La Conférence internationale établira son règlement dans le cadre tracé par les présents statuts, à la majorité des deux tiers et après avoir obtenu l'avis du Conseil des Délégués et du Conseil des Gouverneurs.

La Conférence pourra, en observant les mêmes formes, modifier les présents statuts. Toutefois, toute proposition de révision des statuts devra être inscrite à l'ordre du jour et portée, au moins six mois à l'avance, à la connaissance des sociétés nationales, du Comité international de la Croix-Rouge et de la Ligue des Sociétés de la Croix-Rouge.

ARTICLE XII

Dispositions transitoires

a) L'Assemblée générale de la Ligue des Sociétés de la Croix-Rouge est supprimée.

b) Les présents statuts entreront en vigueur dès que le Comité international de la Croix-Rouge et le Conseil des Gouverneurs de la Ligue des Sociétés de la Croix-Rouge auront fait connaître à la Conférence internationale ou à la Commission permanente que leurs statuts respectifs sont en conformité avec les présents statuts.

c) Il est convenu que la XIVe Conférence internationale devra se tenir en 1930.

d) La première réunion de la Commission permanente aura lieu sur convocation de son doyen d'âge.

La Commission permanente qui a été nommée conformément à l'article X des présents statuts est composée des personnalités suivantes :

Vicomtesse NOVAR (Croix-Rouge australienne).
Professeur NOLF (Croix-Rouge belge).
Marquis DE HOYOS (Croix-Rouge espagnole).
M. T. PRYTZ (Croix-Rouge norvégienne).
S. A. R. le Prince PARIBATRA (Croix-Rouge siamoise).

LISTE DES ORATEURS

INDEX DES QUESTIONS
TRAITÉES AU COURS DES SÉANCES DU CONSEIL
DES GOUVERNEURS

TABLE DES MATIÈRES

BIBLIOTHÈQUE NATIONALE / IMPRIMÉS

IMP. UNION, 13, RUE MÉCHAIN, PARIS.

www.ingramcontent.com/pod-product-compliance
Lightning Source LLC
LaVergne TN
LVHW021707060726
842527LV00003B/1035